素质教育基础工程系列教材（第五版）

普通高中

生命 生存 生活

SHENGMING SHENGCUN SHENGHUO

罗崇敏 主编

人民出版社

素质教育基础工程系列教材（第五版）

生命 生存 生活

普通高中

主　　编：罗崇敏
责任编辑：姚劲华　苏向平　车金凤
绘　　图：多多卡通　刘　洋　鑫　泰
出版发行：人民出版社
地　　址：北京朝阳门内大街166号
邮　　编：100706
电　　话：010－65599223（兼传真）
网　　址：www.ccpph.com.cn
电子信箱：ccpph@126.com
印　　刷：环球印刷（北京）有限公司
版　　次：2012年8月第5版　2016年6月第2次印刷
开　　本：710毫米×1000毫米　1/16
印　　张：11
字　　数：172千字
书　　号：ISBN 978-7-01-008369-8
定　　价：16.50元

素质教育基础工程系列教材（第五版）

《生命 生存 生活》顾问委员会

本册主编　颜　悦

本册编写人员　（以姓氏笔画为序）
　　　　邓　勤　师振黎　张文英　张玉代　张莉萍
　　　　张睿莲　杨　昆　梁文涛　谢海燕　颜　悦

编写说明

人生旅程，漫长而又短暂。从呱呱坠地的生命来到世界的那一刻起，无论是七彩童年，还是阳光少年；无论是求学问道，还是衣食住行，生命将伴随着我们每一个人的成长；生存与生活每时每刻和我们的生命共生共存。我们是怎样来到世界上的？怎样的生活才是有价值的？我们需要学习什么？怎样才能健康成长?太多太多的问题，答案在哪里？

教育必然面对人生的问题，“生命教育”、“学会生存生活”已经写入《国家中长期教育改革和发展规划纲要（2010—2020年）》。从2008年秋季学年开始，云南省各级各类学校在全国率先开展生命、生存、生活教育，确定了“三生教育”的内容。通过生命教育，帮助学生认识生命，尊重生命，珍爱生命，主动、积极、健康地发展生命，树立正确的生命观，实现自然生命、社会生命和精神生命的价值；通过生存教育，帮助学生学习生存知识，提高生存能力，保护生存环境，把握生存规律，培养生存意志，树立正确的生存观；通过生活教育，帮助学生认知生活，热爱生活，奋斗生活，幸福生活，树立正确的生活观。这是一个以人为主体的教真育爱的社会活动过程。

为了适应各级各类学校开展“三生教育”的需要，在现代课程教学理论的指导下，我们组织编写了“三生教育”系列教材一套十册，分别供小学、初中、普通高中、中等职业学校、高等学校选用。全套教材在体现不同学段特点的基础上，注重处理好相应内容的衔接、递进与发展的关系，以及生命、生存、生活之间相对独立但又十分紧密的内在联系，为“三生教育”的顺利开展提供基本的教学资源，为广大教师、家长，特别是各位同学提供有效的学习载体。

《生命 生存 生活》（普通高中）是一本综合性人文学科教材，强调学生的爱心、责任感、正义感和意志力。

编　者

2011年5月

目录

生命

生存

生活

生命

生命的重要价值，第一在于它的一次性，每个人只有一条命嘛；第二在于它的基础性，没有生命，什么都谈不上。关于生命是人生和社会一切价值的基础，我归纳为四句话：热爱生命是幸福之本，同情生命是道德之本，尊重生命是法治之本，敬畏生命是信仰之本。

——周国平《生命的价值与追寻》

一

生命之旅　与爱同行

一个呱呱坠地的婴儿，身体的细胞共有2000亿个。然而，在他（她）生命开始的一刹那，他（她）却只是一个细胞——受精卵。

受精卵是由父亲的精子和母亲的卵子结合形成的。父亲的睾丸是精子的摇篮，母亲的卵巢是卵子的故乡。每一次，数以亿计的精子们在接到命令以后，沿着男性的尿道，抵达女性的阴道，开始了它们的“万里长征”，不少年老体弱的精子和那些先天发育畸形的精子，被淘汰出局，只有部分“身强力壮”且意志坚定的精子，才能攀登到最后的目的地——输卵管壶腹部。最终，只有一个体魄最为强壮的精子能够胜出，荣幸地与卵子结合。此时，精子和卵子各自贡献了一套数目特定的染色体，成功地创造出一个新的生命体——受精卵，新生命的性别也在这一刻决定了。

紧接着，受精卵开始不断地分裂，并沿着精子来时的路回到子宫，胚胎在这块平坦而肥沃的“土地”上安营扎寨。经过母亲266天的艰苦孕育，婴儿终于诞生。此时，婴儿在哭，父母在笑，又一个新成员加入到地球大家庭。

试想，一个直径只有0.1mm的微小细胞，通过不断的细胞分裂，最后竟被塑造成一个四肢齐全、五官俊美的人，这项奇异美妙的建筑工程是何等的精准、伟大。无怪乎生物学家罗斯唐赞叹道：“这第一次分裂，比神话更奇妙！”

生命是个美丽的奇迹

40亿年前，一个由生物膜包裹着的具有自我复制能力的原始细胞在地球上产生了。在漫长的地球历史中，生命经历了由简单到复杂，由低等到高等，由水生到陆生的进化过程。老子从哲学的角度在《道德经》里写道：“道生一，一生二，二生三，三生万物。”

一枝从污泥里长出的夏荷，竟开出雪一样洁白纯净的花儿；一只小小黑黑的萤火虫，竟能在茫茫黑夜里发出星星般闪亮的光芒；一只毫不起眼的鸟儿，在枝头唱出远胜小提琴的夜曲；一片荒无人烟的戈壁滩，竟能孕育出指路明灯似的仙人掌；一棵胡杨树，竟能在浩瀚无边、环境恶劣的沙漠中茁壮成长、生生不息。这是生命的奇迹。

在漫长的人类历史中，各种文化、各个时期的人都曾经为人的生命本质着迷：什么是生命？生命从哪里来？又将去向何处？人类的祖先与其他形形色色的生物一样，都是通过漫长的进化过程，从低级走向高级，才发展成今天这样的。达尔文说，“能够存活下来的不是最强大的物种，也不是最聪明的物种，而是对变化作出最快响应的物种”。古猿到人的转变，一个精子从千千万万个精子中脱颖而出，与卵子结合形成胚胎，经过漫长的十月孕育，再出生、长大到死亡，这些过程本身就是一个奇迹。

生命的诞生是一个奇迹，而生命的存在更显现了奇迹的光辉。

北川县擂鼓镇达斡尔族老人阿拉坦巴根陶琦经历了唐山和汶川的两次大地震：1976年唐山大地震，他被埋矿井十天而未死；这次汶川大地震，他又被倒塌的房屋埋在下面，但仅受了点皮外伤。他是擂鼓镇在塌方中救出的唯一身体完好的幸存者。

汶川地震中，宋馨怡，这个长着一双大眼睛的3岁女孩，在与死神抗争了近40个小时才从废墟中被解救出来，人们惊奇她生命力的顽强。而真正保护她的是已经故去的年轻父母，他们在地震发生的一瞬间脸对脸、胳膊搭着胳膊，用自己的血肉之躯搭成一个拱，双双挡住倒塌下来的沉重墙体，构筑了一道“生命的围墙”。

而德阳市东汽中学谭千秋老师的遗体被找到时，是“双臂张开趴在课桌上”，正是这个特殊的姿势令四名学生在他的身体和课桌的共同护卫下死里逃生。

生命是一个奇迹，一个美丽而伟大的奇迹。它所迸发的力量创造了一切，创造了我们所引以为傲的世界。

生命是唯一的

生命给了我们一种状态——存在，而且存在都是唯一的。

每一个生命都是独一无二的。世界上既不存在两个完全相同或完全不同的事物，也不存在两个完全相同或完全不同的生命，世界是由无数事物、无数生命串联在一起的。一滴水的存在，一朵花的存在，一粒沙的存在，一切生命的存在，想一想都是那么美好。我们可以感受到这一切的存在，包括我们自己的存在。

如果说个体的生命是一所学校，那你是这所学校唯一的建立者，是唯一的组织者，是唯一的领导者，是唯一的管理者，也是唯一的学生。它的净化与辉煌依赖唯一的你的呵护与努力。生命的终了无非是旅程从起点到终点的结束，而你则是这旅途唯一的行者。所以，生命是被动的，但更是主动的。

人从出生那一刻起，就踏上了征程，就成为了自己生命的唯一主宰。

生生死死，死死生生，生命无休止地轮回。

每个生命也只有一次。所有时间里的事物，过去了就永远不会回来了。就像你的昨天过去，它就永远变成昨天，以后我们也无法再回到昨天弥补什么了；就像今天的太阳即将落下去，如果我们错过了它，就再也找不回了。

有人说："人生就像一场游戏。"但人生永远无法与游戏相等同。因为在游戏世界里，你可以存盘，你可以有很多条命。也就是说，你的生存机会不止一次，即使你的运气不好，刚开始进行游戏时就不得不退出，你还可以重新来过。而在人的一生中，任何时候都没有存盘的可能性，因为人的生命只有一次。

生命不仅属于个人

生命是人生的最基本内容，人离开生命就没有具体的存在基础，生命贯穿于整个人生之中。只有生命存在，人才能存在，才能体会和享受到人世间的美好和幸福。但人生又不仅仅是生命，又不仅仅包含生命。也就是说，人生是人的整个生命过程，是生命的自然过程与社会过程的统一。

生命属于谁？每个人的生命都是与世间万物相联系的。

首先，生命是一种自然的过程。人的生命诞生是以人的生物机体为载体的。所以，生命首先依赖于自然生态，有生长和死亡；依赖于孕育和抚养生命的父母。从出生的那一刻起，你的生命便与这个世界有了联系，也与父母连接在了一起。我们的身体发肤皆受之于父母，是这两个人给予了我们生命，给予了我们生活，给予了我们赖以生存的环境。

其次，生命是各种社会关系的总和。生命不仅是自然过程，也是社会融合的过程，生命是在人与人的社会关系中展开的。死亡并非只是对于死者不幸，对于生者才是最大的不幸。人的生命不仅仅属于自己，它还属于我们的亲友，属于我们爱的人和爱我们的人。

生命也正因这种连接而拥有欢乐和温暖。

我们现在所倡导的和谐社会是：人与自然的和谐，人与社会的和谐，人与人的和谐，人与自身心灵的和谐。只有人、社会、自然之间和谐共生，协调发展，作为个体的人才能更好地发展。

帕斯卡尔说，人是"一棵会思想的芦苇"。由于有了思想，仅仅生活在这个世界上并不能使人满足，他还要使自己的生活有意义，为自己寻找值得生活下去的理由。生命对我们每个人都至关重要，珍惜自己的生命，既是自爱，也是对亲人和社会应尽的义务。此外，我们还有关爱他人生命的社会责任。只有心存他人，让每个人都有良好的生命存在空间，生命才能创造更大的社会价值。

活动

我的生命谁做主

案例1：

2009年3月8日，凌晨2点左右，刚刚走过人生第16个年头的高一男孩小江却匆匆忙忙地离开了父母、同学和老师——从自己家中纵身跳下，结束了年轻的生命。究竟是什么原因让这个少年这么做呢？

事发当晚，父母没有和小江发生过任何争吵和矛盾，而且小江一点跳楼的迹象也没有。在班里小江人缘非常好，开朗活泼乐观，学习成绩也很好，还特别喜欢侦探推理，总希望自己长大后可以当个业余侦探，再开一家咖啡店。谁会想到这个平时爱笑爱闹的男孩子，突然就会走了呢？

后来，在小江的QQ空间里，发现在他的空间日志内有死的念头。在3月7日晚上10时59分所写的日志内，他这样写道："我想死是有一段历史的了，只不过之前受到诸多事的牵制一直未实施/临死前是什么感觉呢？/终于要解脱了！我会这么说/人怕死是与生俱来的，但我觉得活到现在只感觉眼前一片黑……"

而关于自己以后的理想，小江则这么写道："我的梦想吗，开个不为赚钱的咖啡店啊啥的/不出风头，生活俭朴/但是许多声音说：不！你要好好读书！读大学！硕士！博士！最后出国！/这样念下去完全没有意义/离我的梦越来越远/可能这样死了很不负责任/死前的话不仅有逻辑的错误也很幼稚/我也想让你们看看你们倾注的心血造就了怎样的一个人/明天的化学考试不想考了/作业也许会做但也不想做了/累了/我先走一步了/生命是我的/没有人能为我决定……"

案例2：

2005年8月29日，飓风"卡特里娜"把美国墨西哥湾沿岸的四个州变成了人间地狱，强烈的飓风也使洪水泛滥成灾。路易斯安那州首府新奥尔良市由于地势低于海平面，80%的地区都被洪水淹没，有8个市民在洪水泛滥时坐在一条小船上逃生。但小船还没有走多远，就因为负载太重，在水里直打转，并慢慢下沉，眼看着一船人就要葬身水底。

就在这时，一位体态较胖的中年男子站起来说："让我跳下去，大家就得救了！"听了他的话，其他几个人也纷纷要跳下去。中年男子大声说："谁也别争，跳下去的必须是我，我是所有人里最重的。"说完，他就跳了下去。小船停止了打转并开始上浮，其他人眼看着这个不知姓名的男子被洪水吞没，都失声痛哭起来……

这是美国有史以来遭受的最大的飓风。但在这场考验中，我们看到了光芒四射、铿锵峻拔的美丽人生。

讨论

1. 你认为小江在QQ空间里说的"生命是我的/没有人能为我决定"对吗？为什么？
2. 你认为导致小江自杀的主要原因是什么？
3. 如果你是小江的同学，知道他的想法后，你会怎样劝他？
4. 有人说，案例2中的中年男子的做法是不理智、不珍惜生命的表现，你认为呢？
5. 如果遇到类似案例2中的情况，你会怎样做？

知识链接

生命的姿势

一对夫妇是登山运动员，为庆祝他们儿子一周岁的生日，他们决定背着儿子登上七千米的雪山。

他们特意挑选了一个阳光灿烂的好日子，一切准备就绪之后踏上了征程。

刚天亮时天气一如预报中的那样，太阳当空，没有风没有半片云彩。夫妇俩很快轻松地登上了五千米的高度。然而，就在他们稍事休息准备向新的高度进发之时，一件意想不到的事发生了：风云突起，一时间狂风大作，雪花飞舞。气温陡降至零下三四十摄氏度。最要命的是，由于他们完全相信天气预报，从而忽略了携带至关重要的定位仪器。由于风势太大，能见度不足一米，上或下都意味着危险甚至死亡。两人无奈，情急之中找到一个山洞，进洞暂时躲避风雪。

气温继续下降，妻子怀中的孩子被冻得嘴唇发紫，最主要的是他要吃奶。要知道在如此低温的环境之下，任何一寸裸露在外的皮肤都会导致体温迅速降低，时间一长就会有生命危险。

怎么办？孩子的哭声越来越弱，他很快就会因为缺少食物而冻饿致死。丈夫几次制止了妻子要给孩子喂奶的想法，他不能眼睁睁地看着妻子被冻死。然而如果不给孩子喂奶，孩子很快就会死去。妻子哀求丈夫：“就喂一次吧！”丈夫把妻子和儿子揽在怀中。喂过奶的妻子体温下降了两度，她的体力受到了严重的损耗。由于缺少定位仪，漫天风雪中救援人员根本找不到他们的位置，这意味着风如果不停他们就没有获救的希望。

时间在一分一秒地流逝，孩子需要一次又一次地喂奶，妻子的体温一次又一次地下降。

在这个风雪狂舞的五千米的高山上，妻子一次又一次重复着平常极为简单而现在却无比艰难的喂奶动作。她的生命在一次又一次的喂奶中一点点地消逝。

三天后，当救援人员赶到时，丈夫已经冻昏在妻子身旁，而他的妻子——那位伟大的母亲已被冻成一尊雕塑，她依然保持着喂奶的姿势屹立不倒。

她的儿子，她用生命哺育的孩子正在丈夫怀里安然地睡着，他脸色红润，神态安详。被伟大的母爱包裹着的孩子，他是否知道自己有一位伟大的母亲，她的母爱可以超越五千米的高山而在风雪之中塑造生命。

为了纪念这位伟大的母亲、妻子，丈夫决定将妻子最后的姿势铸成铜像，让妻子的爱永远流传，并且告诉孩子，一个平凡的姿势只要倾注了生命的爱便可以伟大并且抵达永恒。

可怜鸟兽父母心

我们常说，“可怜天下父母心”。无疑，那是专指人类，但同在蓝天下的芸芸众生，包括各种鸟兽，有无父母心呢？回答当然是肯定的，没有父母，何来后代呢？

◇某猎人在追杀一只藏羚羊，眼看猎物走投无路，突然，这只藏羚羊不再奔跑，而是面对猎人跪下了。“奇怪，这个畜生还会求生？”猎人思忖着。但他并未因此而动恻隐之心，举枪将近在咫尺的这只藏羚羊打死了。

回到驻地，剖开羚羊时发现，它的腹中竟有一个胎儿，猎人怔住了：这是一个就要生产的母亲。猎人明白了：它的求饶是为了孩子。猎人的铁石心肠融化了，“我干了些什么？真是禽兽不如！”终于，这位猎人丢掉猎枪，金盆洗手。

◇在非洲稀树草原，某探险家曾与一猎豹遭遇，人兽相斗，难解难分，双方均受重创，最后，探险家终因将拳头塞进猎豹的口腔而使猎豹窒息死去。看着这只尽管双眼圆睁，却已一动不动的猎豹，探险家艰难地爬起来，带着一身伤痛，踉跄着跑回营地。

他找到一个助手来抬猎豹的死尸，可回到事发地点，大吃一惊，猎豹竟然不见了。循着血迹，他们来到一棵大树前，见树根下有一动物巢穴，猎豹就在里面，美丽的豹纹清晰可见。鼓捣了老半天，没有动静，原来，猎豹已死，待他们把死猎豹拽出来，都愣住了，大豹的身后居然还有两只没睁眼的、嗷嗷待哺的小豹。此时，探险家明白了，猎豹之所以死不瞑目，拖着垂死之身跑回巢穴，是为了给两个饥饿的孩子喂上最后一口奶。

◇屠格涅夫曾写了一篇名为《麻雀》的散文。一天，这位文豪正在遛狗，忽然，狗好像发现了什么，放慢脚步，蹑足潜行。原来，前边有一只羽毛稀疏、嘴带黄边的小麻雀刚从巢中跌落，眼看就要被狗打了牙祭。这时，麻雀妈妈飞身扑到狗的面前，她浑身战栗，羽毛竖立，叫声凄厉。尽管麻雀在狗面前显得极其孱弱渺小，力量对比悬殊，可母鸟此时表现出的一种比理智更强烈的力量，使狗先是一怔，继而惊惶而退。好心的屠格涅夫赶紧唤回了狗，怀着对麻雀的敬佩之情走开了。之后，屠格涅夫感慨地写道：我尊敬那只小小的、勇敢的鸟儿，我佩服她那爱的冲动和力量，爱，我想，比死和死的恐惧更强大。

◇这是一则有关犀牛的故事，令人心酸。游客在骑象游历森林时，遇见了大小两只犀牛，为了获得更好的观看效果，游人驱象而上，走到了两只犀牛的中间。哪知，母犀牛因看不到幼犀牛而大怒，冲向大象，保安为保护游客，开枪射杀了母犀牛，游客无恙，可是，从此，世界上却少了一位母亲，多了一个孤儿。有时，即使不存恶意地进入动物的领域，都会给动物造成伤害，更别说蓄意屠杀了。

◇目前唯一一条人工饲养的白鳍豚叫“淇淇”，雄性，它已在武汉水生动物研究所形单影只地生活二十多年了。为了给它寻找配偶，1996年曾捕到一条雌性的叫“珍珍”的幼豚，可惜未过半年，“珍珍”便忧郁而死。

当时捕起两条（网三条，放一条），想不到放走的是母亲，第二天它还在原地打转、哀叫。而捕到的乃是父女，女儿年小体弱，屡屡下沉，父亲唯恐女儿憋死，用尽力气托起女儿，最后，自已衰竭而亡。刚刚失去母亲，转眼又失去父亲的“珍珍”孤零零地活了几个月，便被带到“淇淇”的水池中，可她尚未成熟，便病死了。至今“淇淇”年事已高，可还孑然一身。

关于鸟兽是否有母子亲情，唐代大诗人白居易为我们留下了一首字字珠玑的诗，可谓意味深长：

谁道群生性命微，
一般骨肉一般皮。
劝君莫打枝头鸟，
子在巢中望母归。

生态道德，有时，孩提不逊成人，古人高于今人。像大家习以为常的笼养野鸟、吃野味、垂钓、狩猎等行为，早已受到古代先贤的抨击。可如今，我们还对鱼翅、燕窝等津津乐道，殊不知，那鱼翅乃是鲨鱼之鳍，即其肢体，燕窝乃是金丝燕用唾液筑就的哺育后代的巢，我们为了区区口腹之欲，便要断人家臂膀、断人家后代，何德之有？万恶第一为杀，天地大德曰生。若为真君子，必有好生德！古人讲“老吾老以及人之老，幼吾幼以及人之幼”，现在，我们还应该补充：爱吾爱以及人之爱。

二

直面生死　理解人生

2008年5月12日14时28分，中国震动！以四川省汶川县为震中的里氏8.0级地震，瞬间摧毁了近千万中国人原本宁静平和的生活。巨大的天灾中断了正常的生产和学习，滑落的山石阻断了道路，泥石流吞噬了乡镇和村庄。孩子们的读书声消失了，鲜血从倒塌的教室里流出来。一场始料不及的灾难降临在全中国、全世界面前。截至7月8日12时，因这次地震，造成69197人遇难，374176人受伤，18379人失踪。生与死，在这些凝重的日子里始料不及地扑入人们眼中。

地震发生后，在随时可能发生死亡的阵阵余震中，伴随着扭曲变形的道路，面对极其匮乏的物资，共和国的总理来了！部队的战士来了！国内甚至国外无数的志愿者来了！为了抢救每一个可能存活的生命，救援行动冒着死的危险没日没夜地展开。生与死，在瞬间紧密相连。

在这场浩劫面前，正如5月22日《东方早报》的题记："在一个被怀疑失去了全部方向与重量的时代里，我们需要的是关于敬畏与信仰、命运与承担、脆弱与永恒的终极考问，关于光明、辽阔、高尚如何战胜愚昧、狭隘、鄙俗的沉重思考。"是的，死亡虽然可怕，但是通过这次地震，它教会了我们爱惜生命、珍重生活；苦难令人伤痛，但是它能够彰显出华夏大地的美德、良知和团结。正是这种苦涩揪心的疼痛，让我们重新审视生与死的意义，反思生命的价值。

向死而生

"向死而生"（Being towards death）是20世纪哲学家海德格尔对人类生存意义作出的哲学阐释。他说：理解了死，才理解了生。意思是只有对生命进行反思，对自我存在进行认同，生和死才会有意义。

的确，死是人从诞生的一瞬间起就必须面对的问题，也是人类至今仍在探讨的一个命题。西方的哲人亚里士多德、康德、海德格尔，我国的先贤孔子、孟子、老子、庄子等，都一直试图找到最终的答案。这样的探索和思考虽不能避免死亡，实现长生，却能够辨明生之价值。只有知道了生命的脆弱，理解了生命的价值，才会为生命的丧失而哀伤，也才会为生命的跃动而感恩，为生命的奇迹而礼赞。

向死而生告诉我们，热爱生命应当敬畏生命，敬畏生命应当敬畏死亡。因为向死而生，生命才有了赋予其意义的必要，才有了一种不断进取的力量，人类也才能在有限的生命历程中，持续地创造出灿烂文明和辉煌成就。

向死而生提醒我们，生命有限，死亡无常。只有把握“生”的每一天、每一年，让积极的心态伴随成长，让个体价值在生的过程中不断彰显，才能够在面对“死”的时候不枉此生。

正确地认识死亡

爱因斯坦临终时说过：“死亡是值得庆幸的。没有个体的死亡，就没有物种的繁衍。”有史以来，人类已有800多亿生命个体不可避免地走向死亡。只有科学地认识死亡，才能正确地面对生命。

死亡的原因多种多样。有自然的老去，有病痛的解脱，有意外的后果，也有自己的扼杀。但是让国人为之肃然起敬的，却是那些死得其所、壮怀激烈的死。《史记·刺客列传》里，豫让死前说：“士为知己者死。”王国维则是因为国可破、文化不可灭，慨然面对“五十之年，只欠一死”。瞿秋白为了信仰而死，临死前选了块好地，说：“此地甚好，拿酒来！”而谭嗣同是主动赴死：“死得其所，快哉快哉！”在这些为国、为民、为社会发展而死的人面前，死亡成为了生命最后的升华，成为了他们高贵而不朽的墓志铭。死亡虽然代表生命的终点，却阻止不了高尚精神的延续。

死亡不是对困苦的逃避。有些人认为，人生充满了苦难，死亡未必不是一件解脱的利器。但是这样的死亡认识无异于逃避。梁启超在戊戌变法失败后，曾在一篇文章中说过这样的话：人之逆境占十之八九，而顺境仅为十之一二。每个人都有面临困境和磨难的时候，如果在充满变数、坎坷、挫折的人生之路上向死而生，则可以使生命在荆棘丛中开出璀璨的花朵，使“生”的色彩更加美丽。

死亡能够反衬出“生”的意义。泰戈尔说：生如夏花之绚烂，死如秋叶之静美。在经过如夏花般繁华灿烂的“生”之后，生命的价值得到彰显，我们才可能从容面对最终的“静美”。死亡并不可怕，可怕的是在后悔、自责、遗憾、不甘中离去。“抱憾而终”之所以成为一部分人死前的常态，是因为生的时候没有好好珍惜、珍重、珍爱，没有让自己的亲人欣慰、朋友自豪，在有限的时间里没有让自己的价值体现出来。也就是说，虽然死亡是每个生命个体必然面对的结局，但是这个过程中的差异却沉淀出各自的人生意义。所以只有正确地认识“死”，才能让我们积极地面对“生”。

死亡对于生者的含义

孟德斯鸠说过：死亡对于死者而言并非不幸，但对于生者而言绝对不幸。活人永远都无法见证自己的死亡，恰是自己至亲的死亡，才让我们体会到痛彻心腑的离别。从这一点上来说，死亡永远都是生者的事。

面对死者，我们需要扪心自问：生命究竟是什么？生命意味着什么？如果是我离开，我是否留下了无法弥补的遗憾？面对死亡，我们应该不断反思：怎样才能在生的时候创造出令后人怀念的价值？

正是不断发生的生离死别，令生者去驻足倾听来自生命深层的细语：生之无常，死之迫近。生命之根深扎在死亡的土壤中，如同黑暗中的一道闪电，稍纵即逝。如果我们怠慢死亡，其实也就是漠视生命的过程。我们必须认识到，生命是一件珍贵的礼物，人应该常怀有对生命的感恩、对生活的感动，从而让我们珍视生命，反对轻生和自杀，从容地接受人生的挑战。

在汶川大地震中，一位年轻的母亲用蜷缩的身体为自己怀抱里的女儿挡住了死神，在手机上留下最后的信息：“亲爱的宝贝，如果你能活下来，一定要记住——妈妈爱你！”一位丈夫将已经死去的妻子绑缚在身上，只为了维护其死的尊严。在这些触目惊心的死亡场景面前，我们看到的是希望和感动，感受到的是对生的敬畏和渴望，记住的是人类灵魂深处的超越生命本身的爱的表达。一个人只有坦然洞察生死的奥秘，获得生死的大智慧，才能提升生的质量，消解死的恐惧，平抑死的悲伤，最终超越死亡。

活动

如果生命是一场租赁

目前，在韩国非常流行一种“死一把”的体验活动。参与这个活动的人首先要进行一个以“生命的意义”为题的测试，留下肖像，写下遗嘱，然后穿上麻布做的寿衣躺进棺材里。体验者能在棺材中听到哭声，大约15分钟后，工作人员再打开棺材，体验活动结束。

设计这种“死一把”体验活动的目的是为了让人们反省过去，珍惜现在，更好地面对未来。很多体验者都有类似的感受：在棺材里，我非常害怕，想起了母亲和逝去的亲友。现在的我已经完全不同了，因为我要创造一个没有遗憾的人生。

有句俗话：不见棺材不落泪。只有真正面对死亡时，人的心态才会发生根本性的变化，才会更加珍惜生命的美好。其实，生命就犹如某种租赁，只不过这种租赁有好有坏，有长有短，有悲有喜而已。

讨论

1. 你认为“死一把”体验活动对生命的认识有什么意义？
2. 如果生命是一场租赁，你对生活会有些什么样的再认识呢？

知识链接

临终关怀，让生命在含笑中离去

你可以拒绝一切，但不可以拒绝死亡。

死亡是生命不可避免的事实，而且可能会毫无预兆地降临，但有两件事是可以确定的：第一，我们总有一天会死；第二，我们不知何时死或如何死。

最后的晚霞也要灿烂

每个人都希望生命在微笑与安宁中逝去，但是有多少人能拥有这份幸福？

2000年4月28日是昆明的一

位阿婆91岁的生日，那天，她是躺在昆明市第三人民医院关怀科的病房里度过的。老人处于半植物人状态已经很久了。这一天，除了老人的儿孙们，还有关怀科的许多医生、护士和病友们，都聚到了一起。大家特意在老人的房间里挂上了漂亮的彩色纸条，并且准备了一个精美的大蛋糕——尽管她已经不可能吃了。夜幕降临，在大家的声声祝福中，床上一动不动的老人眼眶里慢慢流出了泪水。次日凌晨，老人安详地停止了呼吸。

今后，也许人们都可以拥有这样一种待遇：保持着人的尊严平静地迈向死亡。

据有关资料显示：目前我国只有三分之一的老人是死在医院的病床上——他们大部分是国家干部，一直到死，都有人伺候他们；三分之一的老人是死在路途中——家里的人发现他们不行了，赶快往医院送，白色的救护车就成了他们最后的归宿；还有三分之一的老人死在家里。

也许可以这样说，假如你是一个平民，你多半是在没有医疗保护的情景下寂寞地死去。对此，作家毕淑敏认为：生命本是一个完整的过程，但作为中国人，我们画得不圆。

于是，“临终关怀”、“姑息治疗”等等词语和行为开始在我们的生活中出现。这样一种人道的死亡意识的确立与培养，对于我们这个崇拜天命观念的民族来说，显然具有超前和挑战的意义。

死亡后面的美丽

昆明市第三人民医院关怀科正式成立于1996年7月，它是不以延长病人生命为宗旨的医疗机构。也因为有了这个关怀科的成立和日渐著名的工作，昆明医学院从1999年起开设了临终关怀这门课程，并定期请关怀科的主任和创办人马克医生去授课。

住在关怀科的病人，多数不能动弹，也不能说话，他们每天都在享受着医护人员的治疗和关怀。在这里，治疗是很简单的，这不仅仅是从经济的角度考虑，还因为对有些人来说治疗已经是徒劳了。关怀科对病人主要是关怀和护理，如亲人一般。有人说过：对他人的爱护与关心，也是对自身价值与尊严的肯定，更是对人的生命的超越。马克医生形象地比喻：“我们不能延长病人的生命，但我们可以增加他们的生活。”

按照国际上一些临终关怀工作的开展惯例，没有志愿者参与的工作是不完整的。在关怀科，目前的志愿者都是昆明医学院的一些学生，他们同时也都是马克医生的学生。

一位志愿者说："就说简单的洗澡，我和我的同学们在此之前从来没有帮别人洗过。关怀别人说起来简单，做起来却很难很难，尤其是面对那样浑身散发着异味的病人，那样瘦弱得惊人的老人们。"

大学生们认为这样去关怀别人首先需要克服心理障碍，然后就是必须有真正的爱心，可惜目前愿意参与这类活动的人并不多，尤其男性不多。

于是，这类医院的真实图景使人们看到的不仅仅是一幅幅濒临死亡的画面，更有死亡背后所蕴涵的人道精神和人性之美。

临终需要关怀

从人道的角度来看，其实参与临终关怀与义务献血一样，都具有同等重要的意义，但我们总在赞扬义务献血者的奉献精神，却很少有人关注临终关怀志愿者的付出与价值。

临终关怀不同于安乐死，它的意义甚至超越了后者。简单地说，临终关怀是自然死亡，而后者是提前制造死亡，尽管两者同样是为了让人死得没有太多的痛苦。

我们总以为明天会充满阳光，牛奶会有的，面包也会有的。我们总是不愿意往下想：一切都将到"明天"为止。明天的明天，总有一个明天，阳光会离我们而去，我们会离面包、牛奶而去……这个时候，多么希望有一双温柔的手来轻轻地抚摩我们的身体，有一双温暖的眼睛来抚慰我们的心灵。

现代人比以往任何时代都更关注生命的质量，更注重生命的圆满。不久的将来，一个很可能出现的情景是：我们中许多人的父母都会愿意选择在临终关怀下度过余生。这是可以预见的，实际上许多人已或多或少地想过这个问题，因为死亡率的大幅下降，寿命的延长，出生率的下降，已使中国进入老龄化社会。

人总有一死，或重于泰山，或轻于鸿毛。重于泰山者壮烈，轻于鸿毛者卑微。然而，更多的死却在泰山与鸿毛之间，是平凡之死、具体之死、现实之死，它远离哲学的玄妙，远离诗歌的浪漫，它需要的是平静，是关爱，是尊严。

生命的尊贵就是活得有意义，好似享受夏花之绚烂；死得庄严，如同欣赏秋叶之静美。如果恶疾无法治愈，死亡已不可避免，那么坦然地面对并追求宁静的善终，是最佳的选择。此时，适时的临终关怀可以帮助病人圆满地走完人生旅程。

临终关怀竖起了生命尊严的旗帜，但是有多少人关注他人的临终并投入自己的一份关怀呢？

有人建议：去临终关怀医院看看吧。人之将死，其言也善，那里应该是人世间最善良的地方，那里有许多令人敬佩的人和故事，能够写出最动人的小说。在那里，也许我们会恍然大悟：死不仅是一个生理命题、一个人生命题、一个社会命题，也是一个精神命题、一个哲学命题、一个伦理命题，最后，还是一个艺术命题、一个美学命题。

去临终关怀医院帮帮那些病人吧。帮助那些在生命最后旅程中的人们，帮助他们舒适而有尊严地离去。因为，他们的今天其实就是我们的明天。

三

把握现在 追求卓越

作为有史以来最杰出科学家之一的霍金，其生平非常富有传奇色彩：

——他在青春年少的21岁就被医生断言，“只要得了这种病（肌肉萎缩性脊髓侧索硬化症）的人最多不会活过两年”，但是迄今为止他还在顽强地活着。

——他被禁锢在轮椅上四十多年，行动极其困难，却思维活跃，感情丰富，一直有爱情相伴。

——他只剩下右手的一个大拇指能够移动并操作鼠标，却完成了《时间简史》、《时间简史续篇》、《霍金讲演录——黑洞、婴儿宇宙及其他》、《时空本性》、《果壳中的宇宙》等众多书籍。其中《时间简史》自1988年4月出版以来，已被翻译成30种文字，并出售了大约550万册。

霍金的传奇和魅力不仅在于他是一个享誉世界的物理天才，而且因为他是一个令人折服的生活强者。在接近死亡的疾病面前，在充满苦痛的肉体折磨过程中，他不断求索的科学精神和勇敢顽强的人格力量深深地吸引着每一个知道他的人。面对这个让生命绽放异彩的科学巨匠，我们是否应该静下来想一想：一个全身瘫痪，只有一根手指可以动的残疾人都可以挑战生命的极限，成为世界著名的物理学家，那我们这些正常人是否可以做得更加出色？

生命的意义

在有限的生命历程中，我们应该不断反思：生命的意义是什么？我应该怎样度过自己的一生？我如何找到人生的目的并使之不断丰富？我能做出流芳百世的事吗？

现实生活中，很多人从未停下来想想生命的意义是什么。有些人认为：成功的事业、巨大的财富、良好的人际关系、娱乐或者做点好事等等，就是生命的全部意义。另一些人则认为，再卓越的丰功伟业，死了都是一场空，即使能名留青史对自己也没有什么价值，因此没有必要在生的时候受煎熬。那么，究竟为什么而生？生的价值和意义在哪里？

对于这些问题，不同的人有不同的答案。因为人的世界观和价值观存在差异，而这些差异决定了人的物质追求和精神追求的不同，决定了人的生活方式的不同，也决定了人对生命意义理解的不同。奥斯特洛夫斯基在《钢铁是怎样炼成的》中写道：“人最宝贵的是生命。生命对每个人来说只有一次。人的一生应当这样度过：当回忆往事的时候，他不会因为虚度年华而悔恨，也不会因为碌碌无为而羞愧；在临终的时候，他能够说：‘我的整个生命和全部的精力，都已经献给了世界上最壮丽的事业——为人类的解放而斗争。’”从这段朴素的文字中，我们能够洞悉的是：生的意义其实来自于我们自身目标的设定和不断努力实现的过程中，来自于个人价值的发挥和对社会所作的贡献中。它不是虚无缥缈的空中楼阁，而是实实在在从我们的生活中折射出来，在我们的不断超越中体现。生的意义不会局限于个人的得失，而是与群体、社会的进步紧密相连。我们作出的贡献有大有小，但只要是有价值地活着，那我们对于生命的意义就都作出了真实的回答。

认识你自己

“认识你自己”是刻在古希腊德尔菲神庙金顶上的一句话。古希腊哲学家苏格拉底也说过：世界上最难认识的就是你自己。

心有多远，路就能走多远。社会心理学家研究发现，善于认识自己的优劣，给自己的生活制订计划的人往往比较勤奋、进取，擅长理性思考，对生命成长的每一个阶段都能谨慎把握，一般都能主宰自己的命运，容易取得成功。古语“知人者智，自知者明”说的也是这个道理。只有进行不断的自我探索，认识自己的内在需求，从积极的角度来评价和调整自己，才能够掌握自己的命运。

生活中，我们经常会看到完全不一样的人生：有的人庸庸碌碌，一无所成；有的人事业成功，事遂人愿。而这一切的差别就在于对自我认识的差异，对生活态度的选择。如果能够明确人生目标，准确地为人生定位，明白“我的优势是什么”、“我能干什么”、“我可以在社会里寻找到什么机会”、“我怎么干”等问题，并加以积极的行动，使理想可操作化，就能够带来成功的体验。因此，始终面对自己、相信自己、把握自己，是积极的人生态度所必需的。

态度决定一切

一个人的人生态度将决定一个人一生的成就。有人曾做过数万个成功人士的调查，经过仔细分析与归纳发现其中的一些规律。这些人成功的主要因素与他们的态度有着直接的关系，如积极、主动、努力、果断、毅力、奉献、乐观、信心、雄心、恒心、决心、爱心、责任心等，这类因素大概占到成功要素的80%；另一类13%的要素属于后天修炼所得，叫“技巧”，如善于处理人际关系、口才好、有远见、创造力强、技术好、工作能力强等。此外还有很少的要素属于客观原因，例如运气、机遇、环境等。

既然决定成功的要素中大约80%都来源于态度，我们应该可以得出结论：成功取决于态度。然而，有人也许会认为这一结论似乎有些牵强，因为还有其他的非态度因素，或许它们才是起决定性作用的关键要素。

那么，让我们来分析一下非态度因素，比如“技巧”。很多人都说自己不善于处理人际关系，但为什么成功的人却善于处理人际关系呢？究其原因，第一，他愿意与人接触；第二，他愿意与人真诚相处。而此两点又都是态度问题。同样，口才好，其根源也一定是因为他有愿意表达的态度。分析所有的技巧因素都会得出同样的结论：态度与技巧其实是因果关系，所有今天的技巧都根源于昨天练习技巧的态度。对具有积极态度的人来说，不论在任何情形下都能开辟一条找到答案的道路。在遇到困难时，积极者会冷静地想：“困难确实存在，可是没有人做不到的事情。”只要在心里存有这种积极的思想，必能在内心开拓出一条道路，每天坚持不懈，心里的道路终会越来越宽，最终冲向成功。

不同的态度必将成就不同的人生。在人生的诸多问题面前，态度决定一切。不管是学习、工作还是生活，只有态度改变了，我们才能改变事情。在不断成长的过程中，我们应该认真筹划，明确自己要成为什么样的人，积极发挥长处，克服缺点，在不断的努力和调整过程中使自己最终成为想要成为的那种人，实现人生的意义。

活动

生存选择

虚拟背景：据电影《2012》推测，按玛雅历记载，2012年人类将要灭亡。一位科学家发明了一个特别的保护装置，能容纳7个人，谁能进入其中，谁就能生还。现在有10个人都希望能够搭上这一保护装置，他们的身份分别是：小学教师，怀孕的妇女，足球运动员，12岁的女孩，优秀的警察，著名的作家，外科医生，年长的和尚，演艺明星，生病的老人。

上述10个人的象征意义分别是：小学教师——知识；怀孕的妇女——生命；足球运动员——运动；12岁的女孩——未来；优秀的警察——秩序；著名的作家——文化；外科医生——健康；年长的和尚——宗教；演艺明星——娱乐；生病的老人——道德。

目的要求

学会对生活中自己认为最有价值和意义的人和事进行选择。

方法步骤

请将你选择进入特别保护装置的7个人及其入选理由填入下表：

选择的人物	选择的理由
1.	
2.	
3.	
4.	
5.	
6.	
7.	

讨论

1. 你选择进入保护装置的是哪7个人？
2. 你选择的标准是什么？
3. 请你评价一下你的同桌的选择。

活动

我的人生清单

目的要求

通过整理自己的人生清单，明确人生目标，增强前进动力。

方法步骤

1. 思考自己的人生理想或目标，并将其分条整理出来。
2. 在整理出的人生清单上选择3个自己认为最重要的理想或目标，并写出实现的时间、步骤和方法。
3. 请几位同学向全班介绍自己的人生清单。

讨论

1. 怎样才能保证我们的人生清单顺利完成?
2. 你的优势和劣势分别是哪些?应该如何保持和发展优势、改变劣势?

知识链接

向死而生,死亦漂亮

——少年子尤的故事

2004年3月24日,正在读八年级的吴子尤,忽然感到右肩剧痛、呼吸困难而被送入医院。经过医院确诊,年仅13岁的子尤患上了罕见的纵膈恶性肿瘤。

子尤何许人也?

九〇年四月出生,从小在北京长大。
小学过得很快乐,初中学得也不差。
前年三月二十四,胸腔肿瘤闹开啦。
从此搬进医院住,从此医院成我家。
化疗开刀打点滴,针刀针枪朝我扎。
有生有死有意思,想你想我也想他。
我爱我恨我享受,我看我写我描画。

——摘自子尤的博客

子尤从小就显示了出色的文学天赋,7岁习文。患病期间,子尤不但能乐观地面对自己的疾病,而且笔耕不辍。2005年出版了自己的第一本作品集《谁的青春有我狂》,引起了社会的广泛关注,也正是这本书奠定了子尤作为“90后”作家掌门人的身份。其后来发表于《南方周末》上的长文《让我心痛的妞妞和〈妞妞〉》,文笔的犀利和见解的独到更使世人对这个患病少年刮目相看。

子尤的独特经历也得到了社会的广泛关注,“艺术人生”和“鲁豫有约”等栏目都曾专访过子尤。

“这个故事会怎么收场呢？”子尤生命的最后，留下了这样一句话。2006年10月22日，那个快乐的孩子、坚强的孩子、张狂的孩子，那个多次面临生命危境，却用“一次手术，两次胸穿，三次骨穿，四次化疗，五次转院，六次病危，七次吐血，八个月头顶空空，九死一生，十分快活”潇洒调侃的孩子——吴子尤，离开了我们。他的书、他的话、他的字、他的笑、他的精神，相信能感染每一个仍在昏庸中生存的人。

哀悼：众好友烛光送别

“宝宝，你静静地听着，妈妈读诗歌给你听。”子尤的妈妈柳红趴在他的耳边轻轻地说着。2006年10月24日早上10点，“90后”作家、年仅16岁的子尤遗体告别仪式在北京复兴医院举行，前往医院告别室送行的子尤生前好友400余人为子尤送上了烛光诗歌会，曾和子尤合作创作新歌的“吉祥三宝”全家现场吟唱。

子尤1990年生于北京，在2006年10月22日凌晨2时因癌症死亡，他出版了《谁的青春有我狂》，其中一半文字是他在2004年3月纵膈恶性肿瘤病发后所写的。他对生命的执著引起诸多名人关注，李敖大陆行专门抽空到医院看望病重的子尤，并相互赠言。

在子尤辞世之后，很多人都替这位少年惋惜。童话大王郑渊洁表示，尽管子尤离开了这个世界，但是他的“文章和博客使得他永远不死”。韩寒也在博客中发文，称自己看过子尤的不少文章，很喜欢他，“不在学校的求医生活反而给了他独立的思考和独特的精神。上天很不公平，老的老不死，年少的却先逝”。

子尤：人不如策划一下死日

《生亦漂亮，死亦漂亮》，这是子尤留在他博客上的最后一篇文章，写的是《超越死亡——恩宠与勇气》一书的读后笔记，那是美国一位心理学家为他患乳腺癌去世的妻子崔雅所写的。在文中子尤说：“人们经常策划庆典像结婚、毕业、生日等，我倒觉得，不如策划一下死日。崔雅是在众人的爱中安详死去的，没有一丝遗憾。她死得漂亮，风雨大作，天地为她送行！这样的死，有什么不好？她创造了真正的奇迹！”

子尤的最后一篇博客发表于2006年9月17日，当时子尤的情况一直不太好，3天后他就发病住进了医院。被抢救过来后，子尤的血象一直很低，身体状况很差，可当有朋友希望他为自己刚出的书写书评时，他一口答应。妈妈劝他：“你现在这个样子，就不要写了。”他却开玩笑地说自己最会写这种高屋建瓴的东西了。那时的子尤应该不会知道，在一个月后他自己就会离开这个世界。一切来得太仓促，他没能拥有足够的时间来策划自己的死日，否则他一定会让自己的离去不同凡响。

李敖：天不假年，但子尤活出了自己

2005年9月21日，李敖去北大校医院探望了当时15岁的子尤。当时，子尤还和他开玩笑："看来要著作等身，我比你要困难些。"并戏称，"在我这个年龄，我已经超过你了，因为我得的病比你多。"

那天，两人互以自己的书相赠，李敖送给子尤的是《教育与脸谱》，扉页上题着"目有余子尤其是你"八个字，将子尤的名字嵌了进去；子尤送给李敖的是《谁的青春有我狂》，上面写有四句话："你也曾青春似我，我也会快意如你；谁敢喊：虽千万人，吾往矣；谁又将两亿年握在手里。"

提起子尤，李敖的第一句话就是："他非常优秀。他写过一篇我和他见面的文章，是很有才气的小朋友。"对子尤辞世，李敖自称达观："孔子言仁者寿，力称颜子之仁，而颜反夭。英年早逝，也是历史的常态。对于生命的来与去，我不多愁，也不善感。这一切我们不能控制，但是我们必须接受的现象。"

李敖说："那次北京之行，我见过不少人，也选择见了这个原本素昧平生的少年。一切别人的好，我总能联系到自己的好上来。他没觉得我去看他是难能可贵的，而我却觉得自己去得值。我很佩服自己的眼光。"

子尤语录

【肿瘤】

我不怕死，我这十几年过得多生机勃勃啊，波澜壮阔。这么好的故事你不跟我讲，你太不理解我，我只会高兴会大笑。我这人不知道什么叫紧张，只知道什么叫激动。上帝他会选人，他选我。因为他知道，人类只有我最懂得他的用意。

这样美的事以后再也没有了，我对这玩意儿恋恋不舍。上帝准备今年送一个金灿灿的肿瘤给一个人，送给谁呢？他怕胆小的人支持不住，所以接受这个肿瘤的人需要坚强。然而，坚强挺下来的人，留下来的只有平淡的忍受，所以要送给一个乐观的人，而乐观挺下来的人，光笑没有回味，他就准备送给我，我是超越一切的！我把这叫享受。

——摘自《是医院也是意愿　是医生也是一生——记手术》

【成熟】

"成熟"，有点"熟早了"的感觉。没人会对一个三十一岁写小说的人，说"真成熟"。而十三岁的人写就不同了。因为大人有一个自己隐含的标尺。其实我觉得可以这样打个比喻。由光着身子的猿人，满树林跑，发展了数万年，到如今，我穿着衣服，坐在电脑前打字写博客，看看历史书，就知道是经历了无数的改变，很自然地从原始，成了现代的样子。而在有些大人看来，孩子们的成熟，则像树林里的猿人，竟然也打起电脑写起博客来了！

——摘自《子尤成熟子尤生》

【生命】

一般人从报刊电视上看见小孩生病的故事，纷纷将同情目光投射过去，我却觉得，这未尝不是种幸运。上帝总是公平的，如果在少年时，生场大病，苦痛之余，其实也让自己有了对于生命难得的体验与心得。这就是收获，就不是不公平。在游戏的童年里，原本该孩子荡的秋千，变成魔鬼抢过来荡，那你就不要胆怯，干脆也坐上去，和魔鬼勾肩搭背一起玩！

——摘自《那些阳光灿烂的生命》

【诗句】

上帝给我一支笔，撒旦为我铺稿纸。

——子尤在历经多次大手术、一癌未愈一癌又生时写下的诗句

遗愿清单

——如果生命还剩下一年

如果生命只剩下一年，你会做什么？——这可能是很多人都被询问过的问题，每个人的答案都各不相同：周游世界，吃喝玩乐，陪伴家人……

对于我们这些还没有听到死神脚步的人来说，这只是一个假想题，而对于卡特和科尔来说，这是一个现在就要面对的残酷问题：他们的生命最多剩下一年时间……

卡特做了一辈子的汽车修理工，而他最大的理想是成为一名历史学教授。一天，他温馨而平静的生活被一纸医院诊断书给彻底打破了；科尔，拥有多家医院的大富翁，即使坐在被告席上也自命不凡、满不在乎，但同样也倒在了病魔面前。在同一间病房里，两个身份、地位、性格截然不同的陌生人成为人生中最后的也是最珍贵的朋友，他们共同完成了下面这份遗愿清单：

（卡特写）

帮助一个陌生人

笑出眼泪

观看宏伟景象——在喜马拉雅山之巅

开福特野马赛车

（科尔续）

亲吻世界上最美丽的女孩

弄个文身

跳伞

……

拿着这份清单，两个老头一起跑去跳伞，赛车，游埃及，逛泰国……在旅行的过程中，他们互相影响互相改变，卡特慢慢帮助科尔打开紧闭的心扉，帮他寻找人生的乐趣。

在埃及美丽的落日余晖中，卡特讲了一个关于古埃及人对死亡的美好信仰：灵魂抵达天堂门口的时候，上帝会问他们两个问题，他们的答案决定他们是否能够进入天堂。一是你找到人生的乐趣了吗，二是你的人生给他人带来乐趣了吗。他问科尔，发现科尔风光背后的伤痛，那就是对女儿无限的爱与愧疚，他想要帮助科尔。

在旅店里，卡特面对一个美女的邀约时，忽然发现妻子与家在自己心中的重要意义，于是立刻返程回家。可是就在他和妻子要度过一个美好夜晚的时候，他倒下了，再也没有醒来。他走的是那么的安详，像是一个长途跋涉的人终于到家了，躺在床上休息一样。在生命的最后时刻，他找到了自己的人生乐趣，所以可以毫无牵挂地闭上眼睛，站到上帝面前接受他的提问。他的牧师曾说过："我们的生命就是不同的溪流，涌向同一条河流，涌向瀑布轻缈下天堂所在的地方，我亲爱的朋友，闭上眼睛，让流水带你回家。"我仿佛看见，卡特正在顺着清澈的流水漂向远处，那里光芒万丈，一座金色的大门正敞开着等待他的到来。

"如果有一天，我也要告别人世，如果我来到天堂门口，我希望卡特在那儿，为我担保，指引我通往天堂的路。"这是科尔在卡特葬礼上的致词。他也寻找到了人生的乐趣：亲吻世界上最美丽的姑娘——他的外孙女。

"我知道在他死亡的那一刻，他的眼睛闭上了，心灵打开了。"这是卡特在天堂里的声音。

最后，他们一同葬在大山之巅，俯瞰大地。

四

认识艾滋　修身慎行

“艾滋病”的全称是获得性免疫缺陷综合征（Acquired Immune Deficiency Syndrome，缩写为AIDS），它是由艾滋病病毒引起的一种恶性传染病，它于1981年在美国首先被发现，“艾滋”是它的英文缩写的音译。艾滋病在被发现后不久，便迅速蔓延到了各大洲。

1986年7月25日，世界卫生组织（WHO）发布公报，将艾滋病病毒改称为人类免疫缺陷病毒（Human Immunodeficiency Virus），简称HIV。

2008年7月29日，联合国艾滋病规划署发布了《2008艾滋病流行状况报告》。报告指出，目前全世界共有约3300万艾滋病病毒感染者。在这些艾滋病病毒感染者中，成年人约为3080万，15岁以下儿童约为220万。2007年，全球约有210万人因艾滋病丧生，而2006年因艾滋病死亡的人数约为290万。

2007年，亚洲艾滋病病毒感染者数量为490万，因与艾滋病相关的疾病而死亡的人数为30万。

从1989年至今，我国31个省均有疫情报告。截至2008年9月30日，我国累计报告艾滋病病毒感染者264302例，其中患者77753例，死亡34864例。

在地区分布上，云南、河南、广西、新疆、广东、四川六省区累计报告的艾滋病病毒感染者和艾滋病患者占全国累计报告数的80.5%。

性传播已经成为中国艾滋病的主要传播途径，目前中国估计有70万人感染艾滋病，其中大概有44万人不知道自己已经感染了艾滋病。

截至2007年10月底，全国累计报告艾滋病病毒感染者以20～39岁年龄组为主，占报告总数的69.9%，艾滋病死亡以20～49岁年龄组为主，占报告总数的72.0%。在艾滋病病毒的传播中，异性性传播占44.7%，男男性传播占12.2%，注射吸毒传播占42%，母婴传播占1.1%。

截至2008年9月，云南省累计报告艾滋病病毒感染者63322例，专家估计云南省实际艾滋病病毒感染者已达8.5～10万人，是全国感染艾滋病累计数最多的省份。云南省艾滋病疫情从1989年的1个州，蔓延到2008年的16个州（市）的129个县（市、区），其中5个州（市）为高度流行，11个州（市）为中度流行。艾滋病的传播也从过去单一的静脉注射吸毒传播发展到静脉注射吸毒传播、性传播、母婴传播三种途径并存。云南省的艾滋病传播进入了快速增长期。

艾滋病是一个健康问题，同时也是一个社会问题，社会中的每一个成员都有可能成为艾滋病流行的直接或间接受害者。艾滋病对个人、家庭和社会都造成了不可忽视的危害。那么艾滋病是怎样传播的？又如何预防艾滋病呢？

艾滋病的主要传播途径

帕特是血友病患者，因输血而不幸被HIV感染。他在还不知道自己是HIV感染者时，将HIV传给了妻子劳伦。后来他们生下儿子大卫，大卫也没逃脱被HIV感染的厄运。帕特和大卫的病情越来越严重，不久就去世了，劳伦随后也去世了。他们收养的女儿妮卡没有被HIV感染，但由于父母的相继离去，她成了AIDS孤儿。

从帕特一家的遭遇中你能否总结出HIV的传播途径？妮卡与养父母长期生活在一起，却没有感染HIV，这个事实说明了什么？

由于艾滋病病毒主要存在于艾滋病病毒携带者的血液、精液、阴道分泌物以及乳汁中，所以如果与艾滋病病毒携带者之间有体液交流，就会造成艾滋病病毒的传播。已经证明的艾滋病传播途径有三条：性传播、血液传播和母婴传播。

经性接触传播是目前全球HIV的主要传播途径，全球大约70%～80%感染者是通过性接触感染上HIV的。无论是同性还是异性之间的性接触都会导致艾滋病的传播，性伙伴越多，感染艾滋病的危险也就越大。这是因为艾滋病病毒感染者的精液或阴道分泌物中有大量的病毒，生殖器黏膜的细微破损会使病毒乘虚而入，进入未感染者的血液中。如果生殖器患有性病（如梅毒、淋病、尖锐湿疣）或溃疡时，会增加感染HIV的危险。

血液传播主要是通过输入被艾滋病病毒污染的血液及血液制品或使用了被艾滋病病毒污染而又未经严格消毒的注射器、针头而传播，也可以通过使用受污染而又未经严格消毒的针器文身、穿耳、针灸和与患者、感染者共用剃须刀、牙刷等传播。

在我国，艾滋病病毒主要通过输血、共用注射器等方式传播。如：输入被HIV感染的血液将会被感染；注射由血液中提取的某些成分制成的生物制品，如这些血液制品中有艾滋病病毒，使用者就有可能感染上HIV；使用不洁针具，例如静脉吸毒者共用针具、医院里重复使用针具等。使用被血液污染而又未经严格消毒的注射器、针灸针、拔牙工具，都是十分危险的。

如果母亲是艾滋病病毒感染者，那么她很有可能在怀孕、分娩过程中或是通过母乳喂养等情况将HIV传染给婴儿。根据医学研究结论，母婴传播是感染艾滋病的途径之一，携带艾滋病病毒的妇女所生子女感染艾滋病病毒的比率高达40%。婴儿感染了艾滋病病毒后发病急，死亡率较高。

浅吻、握手、拥抱、共餐，共用办公用品、厕所、游泳池、电话以及打喷嚏等都不会传染艾滋病。

小资料

蚊子叮咬不会传染艾滋病

有人担心，如果蚊子叮咬了艾滋病患者，口器上残留的血液中含有HIV，当它去叮咬其他人时，会传染给其他人。但研究发现，蚊子口器上的残血量仅有0.0004毫升。按此计算，蚊子要叮咬2800次，残血量中才能携带足够量的HIV引起传染。可蚊子在一次吸血后至少4天不再叮咬吸血。

小资料

认识感染艾滋病病毒的危险程度

从艾滋病在全球的迅速蔓延，我们深知，艾滋病离我们并不遥远。我们不应谈“艾”色变，不给艾滋病人以应有的关爱和帮助，但也不应无视“艾滋病就在你身边”的现实，因此正确认识感染艾滋病病毒的危险程度是十分重要的问题。

认识感染艾滋病病毒的危险程度应抓住两个要点：一是艾滋病病毒主要存在于感染者的血液、精液、阴道分泌物、乳汁和伤口渗出液中；二是艾滋病病毒可以通过破损的皮肤、黏膜等进入人体，但有时我们的皮肤和黏膜的破损很难被察觉到。因此直接或间接接触艾滋病病毒感染者的体液都是高危险性的行为。另外，由于艾滋病感染存在窗口期，而且窗口期仍有极强的传染性，所以应避免直接或间接接触他人的血液和分泌物等。

活动

游戏——红灯绿灯

目的要求

了解哪些行为会有感染艾滋病的危险。

方法步骤

1. 每人准备6cm×6cm的红、黄、绿卡片各一张。这三张卡片分别代表感染艾滋病病毒的风险程度，其中红色代表“高风险”，黄色代表“低风险”，绿色代表“无风险”。

2. 游戏开始时，老师逐一说出实例，然后请同学进行判断。如果你认为这一行为不会感染艾滋病病毒，就举绿卡片；如果你认为这一行为可能感染艾滋病病毒，就举黄卡片；如果你认为这一行为很有可能感染艾滋病病毒，就举红卡片。

3. 老师对判断不一致的实例进行分析说明，使学生清楚其中的道理。

参考实例：

感染了艾滋病病毒的母亲给孩子哺乳。（应举红色卡片）

到非法采血点卖血。

无防护的性行为。

参加义务献血。

清洗溅在衣物上的血液时不戴手套。

用水清洗针头后再重复使用。

用消毒液清洗针头后再重复使用。

给予或接受按摩。

与艾滋病病毒感染者共用餐具。

讨论

下列行为中，哪些具有感染艾滋病病毒的危险？为什么？

输血	共用剃须刀	护理艾滋病病人
握手	共用注射器	使用消毒不严格的拔牙工具
吸毒	共用马桶	与艾滋病病毒感染者共同进餐
卖淫	共用游泳池	与艾滋病病毒感染者共用牙刷
修牙	拥抱	文身

预防艾滋病的方法和措施

一个人一旦感染上艾滋病病毒，就再也没有机会回到过去，这是严峻的事实。艾滋病离我们并不远，我们每个人都有可能处在感染艾滋病病毒的风险之中，但有的人感染上了，有的人却安然无恙，这关键在于是否懂得并采用预防艾滋病的方法与措施。也就是说，是否感染艾滋病病毒并不在于你是什么人，而在于你所做的决定是否将自己置于危险境地。以下提供一些在日常生活中预防艾滋病的方法与措施：

（1）珍爱生命，远离毒品。

（2）增强抵御不良行为和侵犯的能力，提高生活技能。

（3）不去无行医执照或无消毒措施的街头诊所、美容店等场所打针、输液、穿耳、文身等。

（4）不与他人共用牙刷、牙签、剃须刀及有可能刺破皮肤、黏膜的日常生活用品。

（5）避免输入未经检验的血液及血液制品。

（6）学会拒绝的技能，避免婚前性行为。

（7）在与异性交往中，自尊、自爱，增强自我保护意识，对自己负责，对他人负责。

相互关爱，共享生命

24岁的小王，去美国留学6年，回国后血清检查确定为HIV感染者，立即被国内聘用他的公司解雇，还被人当众斥问何以得了AIDS，被邻居老太太羞辱性地议论，因为一声干咳而被指控为有意伤害群众。在小黑屋里度过一个不眠之夜后，他决定报复社会。征婚启事为他提供了方便，半年内，他与将近20个女孩交往，其中和他有过性行为的女孩达13个。当他的这种行为被发现时，那13个女孩全都感染上了HIV。

由于对艾滋病的过分恐惧和认识上的误区，一些人对艾滋病病毒感染者及艾滋病病人采取冷漠、疏远、排斥和歧视的态度，这是无知的表现，是偏见。它不仅不人道，也十分不利于控制艾滋病的蔓延。目前，我国已有相关法律法规明文规定，任何人不得歧视艾滋病病毒感染者和艾滋病病人及其家属，不能剥夺他们工作、学习、享受保险和参加社会活动的权利，也不能剥夺其子女入托、入学和就业等权利。

以下做法都是不对的，都属于歧视行为：

（1）将艾滋病病人、艾滋病病毒感染者的病情、个人生活状况作为谈话资料，乱加渲染和猜测，甚至散布谣言，恶意中伤，严重伤害患者及其家属的身心健康。

（2）对艾滋病病毒感染者、艾滋病病人及其家属使用侮辱性语言和行为，包括故意破坏他们的财产和生活用具等。

（3）以不正当理由拒绝为艾滋病病毒感染者、艾滋病病人及其家属提供社会服务，如购物、就医、提供水电等。

（4）以不正当理由强迫艾滋病病毒感染者、艾滋病病人及其家属远离原住处或无理限制其行动自由等。

（5）以防止艾滋病传

播为理由，拒绝艾滋病病毒感染者和艾滋病病人参加集体活动。

（6）拒绝艾滋病病毒感染者、艾滋病病人或其家庭成员上学、就职等。

艾滋病病人及病毒感染者身心都由于疾病遭受着巨大的痛苦和折磨。目前，艾滋病尚不能为每一个人正确认识，人们对艾滋病的恐惧、歧视给艾滋病病人及艾滋病病毒感染者带来的是悲观、绝望和无奈。迄今为止的治疗尚不能根除他们体内的病毒，存在尚需克服的困难，而关怀是一副良药，关爱能鼓励不幸者面对疾病，面对现在和未来，鼓起生活的勇气，树立与疾病作斗争的信心。预防、控制艾滋病更需要有艾滋病病毒感染者和艾滋病病人的参与，关爱、理解、沟通可以使他们与医护人员合作，积极接受治疗。

恐惧和歧视是人类对艾滋病的本能反应和初级阶段，它必将被科学、健康的观念与心态取代。我们相信，关爱艾滋病患者，既是我们对同类的一种关照，也是对人类自身的一种珍爱。早一天善待艾滋病患者，就会让社会少一分痛苦，多一分战胜艾滋病的希望。让我们都来帮助和关爱这些不幸者，只有相互关爱、共享生命，我们的未来才会更美好。爱是人类战胜疾病的伟大力量。

知识链接

预防艾滋病性传播的“ABC”原则

性活动是人类生活的重要组成内容。但是，性活动在给人类带来快乐、帮助人类繁衍后代的同时，也给人类带来了很多烦恼，其中包括艾滋病、性病的传播。

近些年来，国外一些专家在总结了预防性病和艾滋病经验的基础上，提出了预防性病、艾滋病的“ABC”原则。

禁欲A（Abstinence）。这说的是如果人不进行性活动，感染性病、艾滋病的危险就大大降低了。青少年只有掌握了预防性病、艾滋病的知识，学会调节性冲动，遵守社会性道德规范，避免婚前性行为，才能避免轻率地卷入危险性活动，给自己和他人造成危害。

做忠诚的人B（Be faithful）。意思是对不能禁欲的人，要做到夫妻双方或有性伙伴关系的双方相互忠诚。与多人发生性活动是疾病传播的重要途径。因为，性活动中接触的人越多，遇到有病的人的危险性就越大。

正确使用安全套C（Condom）。如果无法做到A、B这两点，正确使用安全套也可以减少感染性病、艾滋病的危险。

对于安全套预防艾滋病、性病问题，我们还要强调：

1．使用安全套可以大大减少传染艾滋病、性病的机会，但安全套并不是百分之百的安全保障。因为，在安全套没有遮盖的部位如果有皮肤破损，仍旧可能感染性病、艾滋病。

2．安全套的使用方法不当或者质量不佳也会影响预防疾病的效果。

红丝带的由来

在20世纪80年代末，人们视艾滋病为一种可怕的疾病，艾滋病患者受到歧视。美国一些艺术家为了悼念因艾滋病而死亡的同伴，用红丝带表示对他们的纪念，同时发起“倡导尊重艾滋病患者人权，推广预防艾滋病”的社会公益活动。

在一次世界艾滋病大会上，艾滋病病毒感染者和艾滋病病人齐声呼吁人们的理解。他们把一条长长的红丝带抛向会场的上空，支持者们将其剪成段，并用别针将折叠好的红丝带标志别在胸前。红丝带环绕成的圆圈，代表对艾滋病患者的关爱之“心”。

从此，红丝带有了生命的意义，成为艾滋病防治的象征，它象征着对艾滋病病毒感染者和艾滋病病人的关心与支持，象征着对生命的热爱和对平等的渴望，象征着要用“心”来参与艾滋病防治工作。一条飘动的红丝带连接着五洲四洋的爱心无限。

生存

下边是我的信条：

我真正需要知道的一切，即怎样生活，怎样做事和怎样为人，我在幼儿园就学过，智慧并不在高等学府的大山顶上，倒是出自主日学校里孩子们玩的沙堆中。

——[美]富尔格姆《信条》

五

主动交往　把握友谊

在美国曾发生过一件事：一个叫安娜的女孩，因为是私生女，所以一直被外祖父藏在家中的小阁楼里，每天只给她提供维持生命的食物和水，不让她接触外界和其他人，也就是说，剥夺了她参与社会交往的机会和权利。当人们发现她时，她已经9岁了，可是却不会走路，不会讲话，不会保持个人卫生，甚至不会自己吃东西。再看她的表情，目光呆滞，对周围的世界毫无兴趣。

40岁的意大利洞穴专家毛里奇·塔尔曾只身呆在一个地下溶洞达一年之久，以研究人在长期孤独生活的情况下生理和心理会产生哪些变化。结果一年后他重见天日时，体重下降了21公斤，脸色苍白而瘦削，人也显得憔悴，免疫系统功能降到最低点；如果两人同时向他提问，他的思维就会紊乱；他变得情绪低落，不善与人交谈。虽然他渴望与人相处，但他已丧失了交际能力。塔尔深有感触地说："这场实验使我明白了一个人生的奥秘：生活的美好在于与人相处！"

上述两个案例都真实地向我们证明了参与社会交往的重要性。因为一个人如果只有纯粹的生物学上的能力，是无法成为完全意义上的人的，就像安娜一样。现代生活中的每一个人，无论是出于心理需求还是社会需求，都需要和人交往。

交往是人的基本需要。在现实生活中，如果没有人与人之间的交往与合作，人类不可能繁衍生息，社会不可能进步，也不会有今天的繁荣发展。一个人如果社交能力差，不合群，冷漠孤傲，在生活中会缺少幸福感和快乐，事业上也很难成功。所以，学会交往，学会与人合作、和睦共处是我们的必修课。

人际交往的内涵

通俗地说，人际交往就是人与人之间的交流往来。人际关系是指人和人在相互交往中形成的心理关系。这种关系是互动的，人们在交往过程中相互审视对方的性格、态度、人品、能力等，并以此为参照决定以后交往的亲疏程度。如果交往轻松和谐，彼此的需要得到满足，则产生愉快的心理体验，以后会更多地交往；反之，如果发现对方并不是自己需要的，谈话不投机，就会不欢而散，以后可能不来往或减少来往。

人际关系的涵盖面很广，包括亲子关系、夫妻关系、师生关系、朋友关系、同学关系、同事关系、邻里关系等。这些关系保持时间长，有浓厚的感情色彩，关系的好坏对人的生活质量、健康状况、事业发展有极大的影响。此外，也有暂时相处、交往目的单一的人际关系，如买卖关系、雇佣关系、医患关系等。

在现实生活中，人际交往经常会碰到这样那样的问题，比如，如何塑造良好的第一印象？如何克服人际交往的心理障碍？如何掌握必要的人际交往技巧？如何避开人际交往的禁忌？如果不能很好地解决这些问题，就会影响到人际交往的成效，影响我们建立良好的人际关系，从而影响我们事业的成功。

人际关系是一种无形财富，许多人事业的成功得益于良好的人际关系。良好的人际关系离不开高效的人际交往，于是，人际交往能力的提高成为人们普遍关注的焦点。

人际交往的难易程度对不同的人来说情况也不一样，有的同学人缘好，人际交往对他来说不在话下。我们也经常会听到有的同学抱怨人际关系复杂，与人难以相处。的确，一个人在不同的环境下要面对形形色色的问题，要和各种各样的人打交道，要把事事都处理得妥妥当当是相当不容易的。

但困难不等于不可能。当我们认识到人际交往的重要性时，就应努力去实践。

人际交往的意义

1. 人际交往促使人融入社会大家庭

每个人呱呱坠地时，都只是一个无知的婴儿。家人是你最初的交往对象。你在家人的帮助下牙牙学语、蹒跚学步，然后社交圈子不断扩大，在幼儿园、小学，老师教你学习，启迪你的智慧，你与小朋友一起玩耍，共享快乐。在交往中你学会爱人，与人合作。进入青春期以后，你快成为大人了，懂得了社会行为规范，懂得了该做什么，不该做什么，并努力学习，力求成为社会需要的人。这时你就融入了社会这个大家庭。当然，人的社会化过程要贯穿一生，随着社会的发展，每个人都要不断接受新生事物，不断地适应社会、服务社会。

2. 人际交往使人获得关怀，产生安全感和自信心

我们开始长大了，虽然产生了成人感和独立意识，但翅膀还显得稚嫩，特别是遇到困难的时候，有些事情举棋不定的时候，家长和老师的温情关怀和引导，使你感到安全、快乐。而同龄人之间的来往使你感到自由、轻松、愉悦，情绪稳定；在与同龄人的竞争中，可以显示个人价值，增强自信心。自信，这是同学们必备的优良品质。

3. 在实践中可以学会与各种人交往

在与成年人的交往中学会尊重，在与儿童的交往中学会爱护，在与同龄人的交往中学会合作、宽容、理解和忍让，在与异性的交往中认识异性，懂得异性间的交往礼仪。总之，在游泳中学习游泳没有学不会的，而且能力会大大提高。

4. 在与人交往中可以不断完善自己

进入青春期后，同学们的自我意识有了很大发展，重视自我形象，有强烈的完善自我的愿望。在交往中可以以他人为参照，特别是以同龄人为镜子审视自己的形象并调整自己的行为，把别人的优点纳入自己的人格范畴，使自己更加完善。

只有在和别人交往的过程中，在和别人不断地社会化往来的过程中，我们每个人才能够成长，才能够得到发展。人际交往，是人社会化的一条重要途径。我们每个人都是在人际交往的过程中学会如何与他人相处，同时通过他人的反馈，认识、完善我们自己。

让友谊滋润生命

良好的友情，能让人心情愉悦，有助于延长寿命。欧美许多科学家对数以万计的人进行调查的结果表明：撇开年龄、健康状况和性别不说，一个孤独的人要比有社交朋友的人在壮年死去的可能性大两倍。孤独与吸烟、高血压、肥胖症一样，是死亡的主要原因。

青少年时期的友谊非常珍贵，因为它真实、纯洁、少功利。青少年时期产生的友情经常延续终生，而且感情极浓。每位同学都要广泛交友，争取有几个好朋友。

1. 有朋友，可以相互敞开胸怀

青春期的同学，每人都可能有点小秘密，有点小烦恼。这些是不愿对父母和

老师说的，对好朋友可以敞开心扉，一起聊聊，宣泄宣泄，有快乐同享，有困难同当。不过千万要记住，拿不定主意，分不清是非的时候，还是要问问父母和老师。

2. 有朋友，兴趣浓，有利身心健康

棋友、球友、琴友大家一起尽情地玩，每周有那么一次活动聚会，会令你忘掉繁重的学习、恼人的分数，忘掉一切不愉快的事。心情舒畅，精神放松，有利健康。

3. 朋友多，话题多，长见识

同学们正处在智力发展的黄金时期，个个思维敏捷，每个人都有不少见闻、故事，朋友间互相交流，在轻松的气氛中扩大了知识面，增长了见识，积累了经验，而且密切了朋友关系。

4. 朋友多，活动多，生活充实烦恼少

古人云，少年不识愁滋味。其实同学们也有不少发愁的事。比如：升学考试的压力，同学之间的矛盾纠纷，想独立又难以独立的无奈，性欲望、性冲动的袭扰，两代人互不理解的矛盾与冲突等。忧愁向朋友倾诉就会减轻，倾诉的过程就是减轻心理压力、缓解心理紧张的过程。要长大就要付出代价，要经受一些挫折，像蝶和蚕的蜕变一样。我们要学会化解烦恼，战胜挫折。同学们在一起多组织活动，有学习、有讨论、有争辩，有文体活动、有旅游，还有军训等各种社会体验，使我们的生活更充实、更多彩。

和同学在一起，和老师在一起，和志同道合的朋友在一起，活出滋味来，活出信心来。这样的话，还有什么问题不能迎刃而解，还有什么烦恼不能烟消云散呢？

活动

交友情况自测

目的要求

测试自己的交友情况如何，是否需要进行适当的调整。

方法步骤

请根据自己的情况，在“□”里打“√”（第2、3、4题可多项选择）。

1. 你有几个要好的朋友？

一个☐　　两个☐　　两个以上☐　　没有☐

2. 你们成为朋友的原因是什么？

处得来☐　　谈得来☐　　有共同爱好☐　　互相帮助☐　　偶然相遇☐

3. 你喜欢朋友的哪些性格？

热情仗义☐　　正直诚实☐　　多才多艺☐　　开朗宽容☐　　能言善辩☐

4. 你选择朋友的标准是什么？

学习好☐　　讲义气☐　　新潮时尚☐　　老实可靠☐　　热心公益☐

讨论

1. 你对自己的交友情况满意吗？如果不满意，打算怎样调整？
2. 你有没有最令自己难忘的与朋友之间的故事？若有，建议与大家一起分享。

把握交友之道

你一定听说过不少与交朋友有关的名言，如“物以类聚，人以群分”、“什么样的人，交什么样的朋友”等。它们说明了一个问题，与你交往的人，和你一定有某些相似之处。“近朱者赤，近墨者黑”，则说明朋友之间是相互影响、相互作用的。交一些志同道合、品德高尚的朋友，会使我们一辈子受益。不过，你在选择朋友的同时，朋友也在选择你。

1. 融入集体，不要孤雁单飞

小玉是个高傲的女孩，自认为众人皆差，唯她独好：小勇学习差，就会谈恋爱；小文一天到晚唠叨不停，就会在老师面前打小报告；小莹伶牙俐齿，爱在人前讲是非；小琴穿得像花蝴蝶，到处乱跑，不务正业。在她的眼里，简直是“洪桐县里无好人”，她对别人的缺点一针见血，可对别人的优点却熟视无睹。同学们觉得她对人尖刻，都远离她。她很孤独，没有朋友，更没有好朋友。你说，小玉的日子快活吗？

我们每个人都是世界上独一无二的，都有自己的个性。既然每个人都要生活在一个集体中，就应该多看别人的优点和长处，寻找你和别人相似的地方，努力融入集体。不要对别人的缺点和过失耿耿于怀，因为世界上原本就不存在十全十美的人，也许，在别人的眼中你也有不少缺点呢。罗马政治家西塞罗这样说：“谁赶走了友谊，谁就像生活在没有了太阳的世界上一样。”缺少朋友、缺少交流的孤独感对于身体和心灵都是一种负担，寻求朋友的支持是化解紧张、压力的最好战略。留一点时间给朋友，我们的天地会更宽，情绪也会更好。

2. 寻找伙伴贵在自然

交朋友不是请老师，也不是树楷模，不必刻意寻求，在自然交往中加以审视，人品好、谈得来、能互助就可以成为朋友。

3. 交诤友，不交酒肉朋友

所谓诤友就是明辨是非，能直言规劝的朋友。朋友有困难可以义无反顾地帮忙，可如果有错误，不能包庇袒护，要直言相劝，使其翻然改进。酒肉朋友就是平时一起吃吃喝喝、玩玩乐乐、不干正经事的朋友。表面看来关系不错，真正要承担责任的时候互相推诿，真正有了困难的时候不理不睬，甚至远离朋友。

4. 朋友有远近亲疏

我们每个人都有许多普通朋友，友情可能不十分深厚，可也经常你帮我，我帮你的。千万不要轻视这些朋友，因为他们是你朋友圈中的外围，朋友宝塔的基座。初交都是普通朋友，在交往中有些关系会向深层次发展。

真正的知己就没有普通朋友那么多了，成为挚友多半有过同甘共苦的经历，积累起了深厚的感情。少年挚友多表现在学习上互相帮助，能分担烦恼，说说知心话，说说彼此的隐私，一起活动、娱乐。

同学们有了老朋友，也不要忘记结交新朋友。老朋友、新朋友同在是最大的快乐，正如一首歌中唱的：“朋友多了路好走”。

活动

测试自己的人际交往能力

目的要求

了解自己的人际交往能力，针对自身存在的问题，不断调整自己，做一个合群的人。

方法步骤

根据自己平时与人交往的情况，实事求是地回答下列问题。

1. 你是否计较别人对你讲话的态度？　是□　否□

2. 你对别人的批评，特别是在大庭广众下的批评是否耿耿于怀？ 是□ 否□

3. 你是否乐于看到与你关系不好的同学取得好成绩？ 是□ 否□

4. 你是否欢迎原先不如你的同学如今超过你？ 是□ 否□

5. 你听到有人讲你的坏话是否一笑置之？ 是□ 否□

6. 别人讲话刺伤了你，你是否一定要回敬对方几句？ 是□ 否□

7. 你是否不愿意原谅别人的过失？ 是□ 否□

8. 别人对你的亲疏你是否看得很重？ 是□ 否□

9. 你是否常常认为老师对你的批评是出于成见？ 是□ 否□

10. 你是否经常感到你的成绩没有得到赏识？ 是□ 否□

11. 你得知挚友有事没同你商量，是不是会大动肝火？ 是□ 否□

12. 你认为任劳任怨是为人处世的美德吗？ 是□ 否□

13. 你主张同学相处中宁肯自己吃亏，也要搞好关系吗？ 是□ 否□

14. 你和同学吵架以后很想报复吗？ 是□ 否□

15. 你尊重学习和其他方面都不如你的同学吗？ 是□ 否□

16. 你是否喜欢嘲笑或贬低与你意见不一样的人？ 是□ 否□

讨论

1. 你最喜欢什么样的朋友？要说得具体些、形象些。

2. 分析自己的测试情况，你觉得在哪些方面还需要改进，才能成为大家喜欢的人？

测一测：交往礼仪知多少

我国素称礼仪之邦，亲子之间、师生之间、长幼之间、朋友之间都要互相尊重，重视礼仪。在社交场合、公共场所，在男女同学之间，在与成人的交往中，得体的礼仪表现出一个人的修养和素质。

你愿意成为一个有礼貌、讲文明、素质高、有风度的人吗？每个人只有在了解礼仪、学习礼仪、不断训练的基础上，才能逐渐把自己培养成气质高雅的现代文明礼貌人。

1. 社交场合和公共场所礼仪

(1) 对人态度要______________，不要______________。

(2) 穿着要______________，不要______________。

(3) 语言要______________，不要______________。

(4) 表情要________________，不要________________。

(5) 在公交车上要________________，不要________________。

(6) 在公园里要________________，不要________________。

2. 男女同学社交礼仪

(1) 要________________，不要过于紧张，也不要________________。

(2) 穿着要大方，男同学要________________，女同学要________________。

(3) 表情要随和，不要过于________________，也不要太________________，要保持________________。

(4) 语言谈吐要文明，不要________________________________。

3. 对成年人的礼仪

(1) 对父母和老师要________________，上学、放学时要向他们________________，在家里要帮助父母________________________________。

(2) 接受父母和老师的________________________________。

(3) 对父母、老师及其他成年人有意见要________________________________。

(4) 对偶然相遇的成年人，如在街上、车上或其他公共场所碰到的人，要________________；对有困难的人要________________________________。

知识链接

1968年，美国心理学家安德森给100名大学生展示了包括555个描写人的性格特征词汇的一览表，让大学生指出他们喜欢和讨厌的性格特征，结果排出了最令人喜欢和最令人讨厌的10种性格。

最令人喜欢的性格		最令人讨厌的性格	
1. 真诚	6. 可信	1. 说谎	6. 不可信赖
2. 正直	7. 聪明	2. 虚伪	7. 不愉快
3. 通情达理	8. 可靠	3. 庸俗	8. 心术不正
4. 忠实	9. 开朗	4. 暴戾	9. 卑鄙
5. 耿直	10. 深思熟虑	5. 不老实	10. 欺骗

研究结果表明，大学生评价最高的是“真诚”，评价最低的是“说谎”。这个研究结果具有普遍意义。在日常生活中，我们喜欢诚实可靠的朋友，痛恨口是心非的人。

六

孝老爱亲　传统美德

我今年17岁，老妈46岁，老爸50岁。我正处在青春期，而我老爸老妈也开始步入更年期。青春期被心理学家称为“暴风骤雨期”。在这一时期，由于生理发育还没有完全完善，旧的平衡打破了，新的平衡尚未建立起来，生理上的不稳定，导致个体的心理也不够稳定，情绪起伏波动大，自尊心强，逆反心重，反对权威和束缚。同时，老爸老妈在更年期的表现却让我难以承受。他们越来越保守，老爸成天对我管头管脚，老妈对我唠唠叨叨。理智上我知道他们是爱我的，是为我好。在我心情好时我也觉得他们处在更年期情有可原，但大多数时候我真的是受不了他们。同学来个电话他们要盘问个不停，成天就是在你耳边说学习的事。在他们嘴里除了学习以外我几乎听不到什么新鲜的东西。现在他们只要说上半句，我立马就知道他们要说的下半句是什么。烦恼闷在心里我难受，与他们争吵又是不孝顺，我该怎么办？

我喜欢看漫画，听流行音乐，可老爸老妈不赞成。他们说什么漫画书是小学生看的，流行音乐不上档次。可是这是我的爱好，学习这么辛苦，我总得有放松休息的时候。太高雅的东西让人神经绷得紧紧的，不是我的需要。可是说服他们似乎很难，我只要和他们一论理，他们就会和我争辩，说不过我就拿家长的身份压我，这算什么本事呀！唉，有什么办法能改变他们呢？

青春期的孩子与父母的关系有明显的变化，他们在价值观念、心理状态、生活习惯上有较大差异，这时两代人发生矛盾冲突就不足为奇了，人们通常称这种差异为“代沟”。

家庭中的代沟主要反映在三个方面：一是子女本身对前途、事业的看法与父母发生矛盾；二是少男少女对异性交往的需求、兴趣、行为与父母对这种交往的担忧和干涉发生矛盾；三是两代人生活方式上的差异。代沟现象不足为奇，关键是我们对待代沟的态度和行为。

理解父母

孝敬父母是中华民族的传统美德，是我们中华民族几千年的历史、文化凝结而成的社会道德准则。孝敬父母，首先我们要理解父母。理解包括加强沟通交流，彼此和睦相处；感恩父母，改变自己。

1. 加强沟通，彼此理解

我们每个人最早接触的是家庭，一出生就无可选择地进入了这个特定的环境。

当你出生时，全家人满怀喜悦地迎接你，从此他们肩上的负担重多了。特别是妈妈和爸爸，他们爱你、养你、教育你，与你同吃一锅饭，同住一个屋檐下，一呆就是十几年，而且还要继续相处下去，所以在众多的人际关系中，亲子关系是最久远、最牢固，也是最亲密的。父母对子女全心全意，毫无功利心。你有了病，最着急的是父母；你有了困难，最先赶来救助的也是父母。还记得你小时候的事吗？那时你经常依偎在爸爸妈妈身边说这说那，感觉这样最快乐、最安全。可进入青春期后，你的身心发生了变化，感觉也有点变了，和爸妈不那么亲近了，甚至有些小冲突。你要像大人那样独立思考，独立做事，可爸妈是一点一点地把你养大的，习惯了事事关心，悉心呵护，一时还放不开手。双方想法不同，父母的话你听不进去，父母看你的行为不顺眼，双方关系开始不协调。

亲子关系不协调的原因之一，是父母和子女双方在生理和情感上都发生了一些变化。生理上孩子确实是进入了青春期，情感上是进入了对父母的轻视期。孩子对父母的情感要经历五个主要阶段：10岁以前孩子对父母的情感以崇拜为主；10岁到20岁时这种情感转为轻视；20岁到30岁，孩子对父母有了一些理解；30岁到40岁时孩子对父母多了一些爱；40岁以后孩子才能真正地理解父母。而人到中年的父母，他们在生理上不一定进入更年期，但情感却是进入了人生的焦虑期。除了对自己事业和生活的焦虑外，最大的焦虑和担心就是孩子。自己有成就的担心，没有成就的更担心，总希望自己的孩子能超过自己。他们生怕孩子学习不好，没出息，经常不是提醒这个，就是管管那个，所以会和孩子之间出现不协调。当弄清原因后，我们彼此就要多一些理解，和睦相处。

孩子和父母之间怎样才能和睦相处呢？这是双方的事。有的家庭是这样做的：父母意识到孩子已经开始长大，有些事放手让孩子自己干，多引导，少唠叨。孩子呢，一方面需要多为父母承担一些力所能及的事，学会担起责任，勇于面对成长。另一方面，要看到自己只是开始长大，并未完全成熟，有些问题不妨听听父母的建议或指导，尽可能和父母交流、沟通。这样一来，彼此的认识就合拢了，距离就拉近了。家庭成员的情绪变得积极，关系融洽，有利于促进所有家庭成员的生理和心理健康。

2. 感恩父母，改变自己

父母和孩子双方都不要指望对方能完全服从自己或者改造对方。特别是年轻人要耐心想一想，爸爸妈妈养育了你，尚且都改变不了才十几岁的你，你又凭什么能一下子改变已有几十年习惯的爸爸妈妈呢？想想爸爸妈妈为你的付出，多站在他们的立场上考虑问题，彼此多一些理解，你的情绪就会慢慢好起来，你的埋怨就会慢慢地少一点。

最重要的一点是，我们不要只要求别人改变，我们可以换种思维，不是一味地要求别人改变，而是试着通过改变自己进而改变别人。这样的话，如果有足够的耐心和技巧，再加上一定的方法，也许事情就能成功。你可以尝试拉着爸爸妈妈去看看新出的大片，一起去唱唱卡拉OK，让他们感受现代生活的气息。在他们的床头，甚至洗手间，故意放上你看后“忘记”收回的漫画和你希望他们看看的杂志，让父母在“无意”中看到。这样，当你们吃饭或共处时，就会有共同的话题。说不定在这过程中父母真的会有所改变，这样我们的目的不就达到了？一味地与父母作对，父母让我往东我偏朝西，结果一个家里大家的情绪都不好，这可不是我们的本意，而你所期望的父母的改变也不可能实现。

活动

倾斜的天平

目的要求

通过“画天平”活动，理解父母对子女的关爱和无私的付出。学会关心父母，感恩父母。

方法步骤

1. 每位同学分别写出一周以内父母为自己做的10件事和自己为父母做的10件事。

2．小组汇总，将每位同学的汇报结果用粗笔写在白纸上。

3．全班交流，将各组同学的统计结果在全班进行展示。

4．请3至4个小组的同学将他们的统计结果贴在黑板上，由其他小组的同学以画天平的方式给予评价，并简单说明为什么要这样画，即天平倾斜的原因。

我为父母做的事

1．……

2．……

3．……

4．……

5．……

父母为我做的事

1．……

2．……

3．……

4．……

5．……

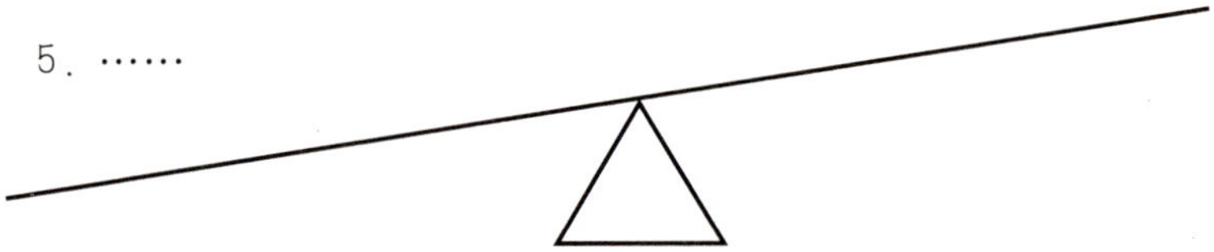

讨论

1．你觉得写父母为自己做的事容易，还是写自己为父母做的事容易？为什么？

2．面对“倾斜的天平”，你有什么感受？

尊敬师长

作为新中国主席的毛泽东，始终尊敬自己的老师。1959年，毛泽东回到了阔别32年的故乡韶山，请韶山的老人们吃饭。毛泽东亲自把老师让在首席，向他敬酒，表达自己对老师的敬意。在老师徐特立60寿辰时，他特意写信向徐老祝贺。信中说：“您是我20年前的先生，您现在仍然是我的先生，将来必定还是我的先生。”

中华民族自古就有尊敬师长的优良传统，同学们都知道“程门立雪”的成语故事。老师是对我们成长最有影响的人。除了父母与家人外，老师也是我们最早接触而又保持长久人际关系的人。

幼儿园的孩子喜欢老师，依靠老师，和老师在一起感到安全，而且情绪稳定。小学生几乎把老师当成偶像，认为老师是最好的、最有学问的人。到了中学，初中生们渐渐学会评价老师，有喜欢的老师，也有不喜欢的。同学们对老师的评价有的可能是正确的，也有的是不妥当的。但有一点可以肯定，我们的健康成长与老师的教导是分不开的。老师既是教我们知识的人，又是我们的朋友。大家仔细想一想，是谁把我们领进知识的殿堂？是谁教会我们做人？是谁倾听我们的呼声？是谁帮我们排忧解难，急我们所急？难道不是老师吗？正因为如此，人们把培养自己成长的学校称为“母校”，把沥尽心血培养自己成材的老师称为“恩师”。即使成了大学问家、大企业家或其他成功人士，也要回访母校，感谢恩师。老师对我们如此重要，我们应该怎样与老师相处呢？据查，中学生与老师的关系远不及小学生，当然这与青春期身心发育有关，也与我们不注意调节有关。

老师也是普通人，也有七情六欲，也有优点缺点。有些同学很在乎老师的缺点，有的说，我们老师太严厉，没有笑脸；有的说，我们老师太偏心，向着好学生；有的说，我们老师太主观，不调查研究，等等。有了意见又不愿意给老师提，而一般情况下同学们又没有很高的涵养，不满意，就要宣泄，于是出现给老师起外号，上课故意发出怪声，在下面议论老师的缺点，当众顶撞老师等情形。这必然造成与老师的矛盾，师生关系紧张，若不及时解决会影响我们的学习和身心健康。

师生关系的融洽是需要双方共同努力的，作为学生，我们更应该严于律己。

知识链接

孟佩杰：恪守孝道的平凡女孩

命运对孟佩杰很残忍，她却用微笑回报这个世界。

5岁那年，爸爸遭遇车祸身亡，妈妈将孟佩杰送给别人领养，不久也因病去世。在新的家庭，孟佩杰还是没能过上幸福的生活，养母刘芳英在三年后瘫痪在床，养父不堪生活压力，一走了之。绝望中，刘芳英企图自杀，但她放在枕头下的40多粒安眠药被孟佩杰发现。“妈，你别死，妈妈不死就是我的天，你活着就是我的心劲，有妈就有家。”

从此，母女二人相依为命，家中唯一的收入来源是刘芳英微薄的病退工资。当别人家的孩子享受宠爱时，8岁的孟佩杰已独自上街买菜，放学回家给养母做饭。个头没有灶台高，她就站在小板凳上炒菜，摔了无数次却从没喊过疼。

在同学们的印象中，孟佩杰总是来去匆匆。她每天早上六点起床，替养母穿衣、刷牙洗脸、换尿布、喂早饭，然后一路小跑去上学。中午回家，给养母生火做饭、敷药按摩、换洗床单……有时来不及吃饭，拿个冷馍就赶去学校了。晚上又是一堆家务活，等服侍养母睡觉后，她才坐下来做功课，那时已经九点了。

“女儿身上最大的特点是有孝心、爱心和耐心。”刘芳英说，如果有来生，她要好好补偿女儿。为配合医院的治疗，孟佩杰每天要帮养母做200个仰卧起坐、拉腿240次、捏腿30分钟。碰上刘芳英排便困难，孟佩杰就用手指一点点抠出来。

2009年，孟佩杰考上了山西师范大学临汾学院。权衡之下，她决定带着养母去上大学，在学校附近租了间房子。大一那年暑假，孟佩杰顶着炎炎烈日上街发广告传单，拿到工资后的第一件事就是买养母最爱吃的红烧肉。

“我只不过做了每个女儿都会做的事。”不少好心人提出过帮助，都被孟佩杰婉拒了，她坚持自己照顾养母。孟佩杰的毕业愿望是当一名小学老师，安安稳稳，与养母简单快乐地生活。

2011年，孟佩杰被评为感动中国年度人物。

感动中国推选委员丁俊杰这样评价孟佩杰：孝顺，是中国人的传统美德。孟佩杰，付出的是孝心，赢得的是尊重，一个感动中国人的平凡女孩。

推选委员王振耀说：童稚的年岁，她一力撑起几经风雨的家。她的存在，是养母生存的勇气，更是激起了千万人心中的涟漪。

感动中国组委会授予孟佩杰的颁奖词是：在贫困中，她任劳任怨，乐观开朗，用青春的朝气驱赶种种不幸；在艰难里，她无怨无悔，坚守清贫，让传统的孝道充满每个细节。虽然艰辛填满四千多个日子，可她的笑容依然灿烂如花。

七

友情爱情　婚姻家庭

恋爱、婚姻、家庭是每一个人都要经历的过程，中学时代怎样建立异性朋友之间的纯真友谊，将来如何才能有成功的恋爱和美满幸福的婚姻，使未来的家庭生活有较高的质量，是我们每一个人都应该关注的。青春期是每个人恋爱婚姻观念形成的关键时期，又是为一生的快乐幸福奠定基础的时期，在这一时期树立正确的恋爱、婚姻、家庭观是非常重要的。

友情与爱情

友谊和爱情之间的区别在于：友谊意味着两个人和世界，然而爱情意味着两个人就是世界。在友谊中一加一等于二，在爱情中一加一还是一。

——［印度］泰戈尔

小A和小B是同班同学，小A是班长，小B是学习委员，两人都很优秀，他们的交往都是为了班级事务。最近有风言风语说他们在谈恋爱，班主任找他俩谈话，严肃地批评他们“早恋”，家长也出面干涉……

进入青春期后，社交行为中最自然、最重要的功课是学习与异性交往。中学生由于生理和心理的需要，渴望结交异性朋友，这是很正常的。建立发展广泛的异性友谊，有益于身心健康、丰富个性、陶冶情操、完善人格，也是学校、社会、老师和家长提倡的。然而中学生心理发育不成熟，情感极不稳定，常常把性意识萌动与觉醒产生的相互爱慕之情错当成爱情，造成了不必要的心理压力，产生许多心理冲突，影响身心健康，耽误学业。中学阶段，是一个人一生的奠基时期，不具备谈情说爱、为结婚成家承担责任的条件，但中学生适时适度地与异性交往，理智地对待恋爱和友谊，培养符合时代文明的恋爱、婚姻、家庭观是很有必要的。

1. 要分清楚什么是友情，什么是爱情

友情，在词典中解释为“朋友间的交情”。它是有相同的兴趣、爱好或者性格相互适应的一些人结成的一种彼此关心、相互帮助的友谊，是在心理相容的基础上形成的个人之间强烈而深沉的情绪依恋。它不分男女，也没有年龄和范围的限制。

友情最显著的特点是不排斥他人，具有兼容性和广泛性，可以是三五人或更多的人形成的友谊关系。

莎士比亚说，爱情是生命的火花，友谊的升华，心灵的吻合。爱情含有多方面的内容：两性之间在体貌上的相互吸引，在精神上产生共鸣，在文化层次、教养水平、人生目标、价值观念及生活方式、审美情趣和兴趣爱好等方面都相互欣赏，并有相当的一致性。爱一个人实际上意味着将两个人的命运联系在一起。爱情包括精神上的追求，心理上的追求，物质上的追求等，爱情发展到一定程度，双方渴望通过婚姻形式以求获得合法的肉体结合，并承诺终生相守。

友情与爱情，同属于精神世界的范畴，两者之间会发生变化，在异性朋友的友情的基础上，可能发展为爱情，但两者确实又有界限。就整体来分析，处于青春期的青少年所热切追求的是友情，而不是爱情。青春期的青少年对男女两性之间的关系，还处于一种似懂非懂的朦胧状态，学业未成，经济还未独立，身心发育尚未最后成熟，谈婚论嫁显然是不适宜的。

2. 要遵循中学男女学生交往的原则

（1）建立非情爱的异性友谊。

以建立亲如兄弟姐妹般的纯洁真挚的友谊为目的，提高“开放性”，课堂上的讨论、课后的谈论说笑、课外的游戏活动等，都可以当做异性交往的机会。男女生交往应以集体交往为宜，集体活动方式为主，减少“隐蔽性”，要保持两性交往的适当心理距离，尽量避免频繁地和异性单独相处。

（2）培养健康的异性交往方式。

①态度自然大方，不要过分随便，也不要过于拘谨。

②将异性之间的交往放在集体中。

青春期的男女交往，最好在一个自然、宽松的环境中，以群体的方式进行，这便于吸取别人的优点，也避免造成“单独约会”而陷入感情旋涡。要在理智和社会道德规范下，在不超出友谊的范围内健康地交往。如出现渴望与对方单独相处，相聚时互吐衷肠，分离时魂牵梦萦，经济上不分你我的情形时，意味着爱情降临，这时中学生应当机立断理智地关闭感情的阀门，避免越陷越深。

活动

爱情？友情？

我是一个生活在单亲家庭的男孩，和父亲的生活简单而随意，总让我觉得缺少点什么。一天，语文课代表对我说："我看了你发表在校刊上的散文，写得很好，还有其他作品吗？让我拜读拜读。"我受宠若惊地说："当然可以啦。"要知道，我们语文课代表的欣赏水平可不一般啊，得到她的肯定可真不容易。第二天，我就把我将要发表的文章全拿给了她。她说，她的理想是当作家，和我一样。于是，我们的话题更多了，关系也更近了，成了无话不谈的好朋友。渐渐地，我们听到了一些同学的议论，她开始躲避我，我也不再勉强，但心里总不是滋味。

讨论

1. 你认为"我"和语文课代表之间的交往属于友情还是爱情？为什么？
2. 如果你是文中的"我"，你会怎么想，怎么做？
3. 友情与爱情都有一个"情"字，但两者之间有很大的区别，请填写下表：

内　容	友　情	爱　情
对　象		
表现形式		
交往性质		
承担的责任和义务		
目　的		

知识链接

我的初恋

那年我16岁，爱上了刚分配来的英语老师。老师姓欧阳，二十二三岁的样子。他白皙、清秀、俊朗，很阳光，希腊式的鼻子右侧有一颗小黑痣。看上去青春逼人的他，眼神里却似乎有一丝不易察觉的忧郁，这使得他更有吸引力。讲完课后他常常背对着我们站在窗前，若有所思。他朗读英语时非常流利并且声音深沉、宽厚，充满磁性。如果说声音也有颜色的话，那他的声音就是那种明朗、宽广的蓝色。

我陶醉在他的声音里，眼前常幻化出森林、湖水、白天鹅等纯洁、遥远的事物，那分明就是一支优雅动人的曲子。听着听着，我就走了神。

他讲课声情并茂，非常精彩，总能让复杂的英语句子变得活泼可爱、通俗易懂。课讲到精彩处，他手舞足蹈，动作舒展、优雅。他的手指白皙、圆润、修长，是那种适合弹钢琴、古筝或拉小提琴的艺术家的手指……

上自习时，他在班里踱步，听到他的脚步声近了，我的心便战栗地跳；他在我身边站住，看我做题，我握笔的手便开始发抖；而他从我身边走过后，我的心里又会涌上一种莫名的惆怅和失落。曼妙的少女岁月就在偷偷的喜悦里、浅浅的忧愁里浮上来，沉下去。起起落落里全是梦的色彩，诗的情怀。

后续故事设想

1. 欧阳老师还没有女朋友，我向老师表白了，欧阳老师……
2. 欧阳老师已经有女朋友了，我向老师表白了，欧阳老师……
3. 我把感情深埋在心里，考上了自己理想中的大学，欧阳老师呢……

结局

后来听说欧阳老师结婚了，妻子是个粗线条的农村女子，还听说他的身体状况不佳，以后就没有了消息。

后来我考上了医科大学，几年后，我在一家大医院工作。有一天做儿科大夫的同学跑过来告诉我："你老师在我们科，姓欧阳，还打听你呢。"

我一惊，忙问："他怎么了？"

"不是他，是他的小孩病得挺重的，有空你去看看他吧。"

我忙请了假，急匆匆赶往在另一栋楼的儿科病房。电梯是那样的闷，那样的缓慢，越发显出我剧烈的心跳。默默地在心底珍藏了这么多年，在异乡的相遇，该说些什么好呢？

我整了整洁白的衣帽，轻轻推开了病房的门。

"李小芳……"他一眼就认出了我。

现在，我已不是当初那个羞涩、拘谨的小女孩了，身边也不乏追求者。可我忘不了欧阳老师那俊朗飘逸的身影，充满感情的磁性声音，以及那修长白皙的手指。而此刻，他头发凌乱，脸盘瘦削、憔悴，眼神因熬夜变得暗淡无光，透出来的惊喜是那样的微弱，恍若稠浓夜色里的一丝微光，整个人看上去落魄、颓废，身高仿佛矮了一截……

正在成长的中学生好比286电脑，版本和内存都不高，等你努力升到586、奔Ⅲ、奔Ⅳ时，你的眼光和感觉就将是另一个样了。

当爱情来敲门

真正的爱情能够鼓舞人，唤醒他内心沉睡着的力量和潜在的才能。

——［意大利］薄伽丘

隔壁班新来了一个女生，特别漂亮，越看越觉得像我的偶像王菲，我一下子就爱上她了。每天上课前都要偷偷地去看看她，看不到她，心里就觉得空空的。上课没精打采，作业也不想做，晚上做梦梦见的全是和她在一起……机会终于来了，情人节那天，拿着玫瑰花，我鼓起勇气向她表白，可她却把我臭骂了一顿。我不明白，难道还嫌我爱得不够深吗？

爱是人类最美好的感情，每个人都有爱和被爱的权利。爱有多种，如父母兄妹之间的亲情之爱，师生之间的爱，朋友之间的爱，等等。到了青春期，爱翻开崭新的一页。爱情带着一种新奇的、实现梦想的渴望悄悄来到我们身边。

爱情是发生在一男一女之间，恋爱的男女渴望与对方单独相处，相聚时互吐衷肠，分离时魂牵梦萦，彼此吸引，彼此欣赏。爱情，是人类最强烈的一种感情。爱情是两颗成熟的心相互撞击，是和亲人以外的其他人之间建立的一种亲密感情，爱情最深层次的含义是接受和尊重。一个人真正爱和被爱的时候，能够感到安全、满足和幸福。

然而，爱情是需要学习的。爱情是一种难以自持的感情，青春期的少男少女希望在交往中得到异性的接纳、欣赏从而增强自信心与自尊心，这是无可厚非的。但是，真正的爱情需要相当的成熟性，如稳定的情感、独立的人格，以及体察、关怀、尊重他人的能力等，而这种成熟性需要一个较长的发展过程、学习过程。青少年的心理发育尚不成熟，在爱情方面还有许多需要学习的东西，如学习爱需要的理解，爱需要的尊重，爱需要的关心，爱需要的宽容等。

爱情是需要成熟的。少男少女正处于生理和心理的快速成长期，由于心理稚嫩，缺乏经验，还无法判断友情和爱情。再者中学阶段交往的异性伙伴大多是不稳定的，青少年还要不断地成长，将来要走的路还很长，每个人都会有很大的变化，而且青春期的中学生还没有足够的能力对未来作出重大而长久的承诺，不妨珍藏起萌动的爱情，发展美好而纯洁的友谊。

爱情是有责任的。青春期的中学生尚未成年，还不能独立面对生活，还没有为恋爱婚姻做好准备。而爱情的结果是婚姻，婚姻意味着更多的义务和责任。人在不同的时期，有不一样的主导活动，中学时期是学习科学文化知识的重要时期，当遭遇爱情时，要三思而后行。

如果你的心里已经播下了一颗爱的种子，那就请将它深深地埋在心底，因为它还没有到开花结果的时候。要使它成长，就必须浇灌和施肥，这就是努力学习，完善自己，使自己达到身体和心理的成熟。只有这样，在未来的某一天，我们才有资格去采摘那盛开的爱情之花。

活动

辩论：中学生异性交往的利与弊

目的要求

每位同学在准备内容、阐述自己的观点的过程中思考，并作出对自己负责任的决定。

➡方法步骤

1. 选出主持人、辩论赛主席、评议组。

2. 分组：全班同学分为A、B两组。

3. 按照事先设定的题目，抽签决定各组观点。

正方观点：支持异性交往，中学生异性交往利大于弊。

反方观点：反对异性交往，中学生异性交往弊大于利。

4. 请各组安排辩手，给一定时间准备后，各抒己见进行辩论。

5. 辩论过程：

(1) 正方一辩阐述本方观点1分钟；

(2) 反方一辩阐述本方观点1分钟；

(3) 正方二辩补充阐述本方观点1分钟；

(4) 反方二辩补充阐述本方观点1分钟；

(5) 自由辩论4分钟（本环节双方三辩充当主要辩手）；

(6) 正方四辩总结陈述本方观点1分钟；

(7) 反方四辩总结陈述本方观点1分钟；

(8) 辩论赛主席做总结发言。

6. 评议组根据双方表现进行评议，选出获胜方和最佳辩手。

知识链接

穿越人生的麦地

有一天，柏拉图问老师苏格拉底什么是爱情。老师就让他先到麦田里去摘一个全麦田最大最金黄的麦穗来，其间只能摘一次，并且只可向前走，不能回头。

于是柏拉图按照老师的要求去做了，结果他两手空空地走出了麦地。老师问他为什么没摘到，柏拉图说："因为只能摘一次又不能走回头路，其间即使见到最大最金黄的，因为不知道前面是否有更好的，所以没有摘。走到前面时，又发觉总不及之前见到的好，原来最大最金黄的麦穗早已错过了。于是我什么也没摘到。"

老师说：这就是爱情！

之后又有一天，柏拉图问老师苏格拉底什么是婚姻。老师就让他到树林里去砍一棵全树林中最好、最茂盛、最适合放在家里的圣诞树来，其间同样只能砍一次，并且只可向前走，不能回头。

于是柏拉图按照老师的要求去做了，这次他带了一棵普普通通不是很茂盛也不算太差的树来，老师问他怎么带这么一棵普普通通的树回来。柏拉图说："有了上次的经验，当我走到大半路程还两手空空时，看到这棵树也不算太差，便砍下来，免得错过了，最后什么也带不出来。"

老师说：这就是婚姻！

有人说，爱情是浪漫的，婚姻是理性的，可谓一语中的。

生命中的石块

［动手做］一个大瓶子、鸡蛋大的石块若干、小石子若干、沙子若干、水若干。让我们把这些东西每一样都最大限度地装在大瓶子里，大家动手做。

我们要先装什么，然后装什么？

这个实验告诉我们，如果你不先把大石块放进瓶子里，那么你就再也无法把它放进去了。那么现在我们生命中的"大石块"是什么呢？是我们的学业、我们的身体健康和心理健康。20岁的时候做了30岁的事，30岁的时候干什么呢？仍然做30岁的事。而你20岁应该做的事，却永远错过了。切记先去处理这些"大石块"，否则就会终生错过了。

走向红地毯——婚姻

只有建立在理性上的婚姻才是幸福的婚姻。

——［俄］列夫·托尔斯泰

托尔斯泰是史上最著名的小说家之一，他的两部名著《战争与和平》及《安娜·卡列尼娜》在文学领域里永远闪耀着不朽的光芒。当时，崇拜他的人比比皆是。

照理说托尔斯泰的夫人应该十分满足才是——除了托尔斯泰的名誉，他们还拥有财产、地位、子女，普天之下几乎已经没有他们那样完美的生活了。

但托尔斯泰的妻子喜爱奢华，渴望显赫、名望和社会上的赞美，她希望拥有更多的金钱和财产，而托尔斯泰却不太重视这些，他认为私有的一切都是一种罪恶。在这样的矛盾中，她吵闹、抱怨、咒骂、哭喊……

他们的婚姻最初十分幸福美满。但48年后，他竟连看她一眼都不能忍受。

一次，托尔斯泰坚持主张让他的著作权人翻印，而他的夫人却坚持要从中抽利。他一反对她，她就像疯了似的大哭大闹，倒在地板上打滚，手拿一瓶鸦片膏威胁着要自杀。

在82岁的时候，托尔斯泰再也忍受不了家庭中的痛苦折磨，在1910年一个大雪纷飞的夜里，离开他的妻子，朝着酷寒和黑暗，不知去向。11天后，托尔斯泰因肺炎昏倒在一个车站。他临死前要求，不允许他的妻子来看他。

托尔斯泰的夫人在临死前向儿女们忏悔道：“你们父亲的去世是我的过错。”但已经太迟了。儿女们都知晓父亲的死因，就是母亲永无休止的批评、唠叨和喋喋不休的抱怨。

婚姻是什么？在钱钟书的小说《围城》里，把婚姻比作“围城”，外面的人想冲进去，里面的人又想冲出来。也有人把婚姻比作穿在自己脚上的鞋子，合不合适，只有自己知道。有人说婚姻是爱情的结果，是爱情的归宿，有人说婚姻是爱情的坟墓……

婚姻其实是用爱情去搭建，用责任来巩固，用道德和法律来维护，夫妻双方共同承担责任的契约。

婚姻的前提是为了寻求爱与温馨，婚姻构成了夫妻关系，把两个也许是毫不相干的陌生人通过相互间承担义务而联系在了一起。婚姻意味着什么？意味着要承担责任，要挣钱养家，共同养育下一代；婚姻还意味着相互欣赏，意味着包容，意味着理解，意味着同甘苦、共患难……

婚姻真正的意义在于它能满足人类的社会需求，为人们带来快乐和幸福。

活动

无名指上的联想

目的要求

体验婚姻需要与真爱同行，婚姻是天长地久、共度一生的承诺。

方法步骤

1．伸出两手，将中指向下弯曲，两手对在一起，然后将其他4个手指的指尖对碰。

2. 张开大拇指。大拇指代表我们的父母，每个人都会生老病死，父母有一天也会离我们而去。

3. 合上大拇指，张开食指。食指代表我们的兄弟姐妹，他们也会有自己的家庭，也会离我们而去。

4. 合上食指，张开小拇指。小拇指代表子女，子女长大后，也会有自己的家庭，离开我们。

5. 合上小拇指，试着张开无名指。无名指代表夫妻，因为结婚戒指总是要戴在无名指上。

讨论

1. 从上面的活动中，你发现了什么？说一说你对这个发现的联想。

2. 请你描述一下自己理想的妻子（丈夫）是个什么样的人。

知识链接

卓琳：平凡至伟

1939年，卓琳与邓小平相识相知，共结连理。革命战争期间，卓琳在枪林弹雨中紧紧跟随邓小平。从太行山到大别山，从抗日战争到解放战争。解放后，邓小平成为党和国家主要领导人。卓琳在身后甘当无名英雄，相夫教子。

十年动乱中，卓琳又陪伴邓小平在江西度过流放生活；1997年邓小平逝世后，她亲自赴港见证香港回归，替小平同志完成遗愿。那两天，她彻夜未眠，非常高兴。2008年汶川大地震发生后，她毅然把个人的10万元积蓄捐给了灾区人民。

2009年，卓琳被评为感动中国年度人物。

感动中国推选委员会委员陈淮这样评价她：不动摇，一生不动摇，历尽沧桑绝不动摇。不是因为她是谁的夫人，而是因为她是一个不可动摇的人。

推选委员会委员陈小川：她默默地站在一位时代伟人背后，用坚定的信仰和深深的爱，支撑着伟人度过劫波，支持着伟人创造新时代。在近30年中国崛起的历史记录中，应该有她重重的笔墨。

2009年度感动中国人物评选组委会评选授予卓琳的颁奖词：

彩云之南的才女，黄土高原上的琼英。携小平手五十八载，硝烟里转战南北，风雨中起落同随。对她爱的人不离不弃，让爱情变成了信念。她的爱向一个民族的崛起，注入了女性的坚定、温暖与搀扶。

一个女生的作文

从懂事起，在心中总是想着我喜欢的那个人。从初中到高中，三年里我把热恋之心都寄托给此人。结果呢，我们的距离并没有缩短。对于他，可以说我只是一个暧昧的“普通妹子”。三年的单相思，就这样结束了。经常为了缩短精神方面的距离，而想出某些接近他的方法，可他还是离我而去了。在我心中仅留下他理想的一面和我痴心的幻想。

打那以后，我一直把他当做自己的偶像，因而常被与他有相似容貌的人所吸引。我只是从表面去判断某个人的内在性格，并马上抱有好感，但是由于缺乏实际的经验，仅带着所希望的想法就去接近某人，到头来与自己实际的理想相去甚远，就像是做了一场梦似的。这样的事我经历了好几回，用朋友的话说，我是个多情善感的、为恋爱而恋爱的痴情少女。

从上面的例子可以看出，与其说这个女孩子迷恋着“恋人”，倒不如说是迷恋着“恋爱”本身。

上述案例对你有何启示？

心灵的港湾——家庭

人生最大的快乐，最深的满足，最强烈的进取心以及内心最深处的宁静和安全感都来自充满着爱的家庭，因此，美满的家庭是值得我们每个人付出代价去追求的。

——晏涵文

美国雅芳全球董事会主席兼首席行政执行官钟彬娴曾6次入选“全美50位最有影响的商界女性”，她是一位极其珍爱家庭的人。她曾在一天里接到两份邀请函，一份发自白宫，美国总统布什要召见她；一份来自女儿就读的学校，校方要她去陪自己的女儿参加一场钢琴赛。面对两个都很重要，但又不能同时参加的邀请，钟女士毅然放弃了前者，选择了后者。按照一般人的理解，无论如何也要放下手头所有的事情，直赴白宫晋见总统，这是多大的荣耀和不可多得的机会呀！可她为什么选择到学校参加女儿的活动呢？

她的解释是："今天不去见总统，日后还有机会；而对女儿来说，什么时候都不能让她失望，不能让女儿为此事抱怨我，否则我会后悔一辈子。对我来说最重要的是女儿的感受！"因为她深深明白，事业的成功只能带给自己成就感，而家庭的快乐才能带来更多的幸福感。因此，她看重事业，更看重自己的家庭。

和谐家庭是构建和谐社会的基础，在提倡构建社会主义和谐社会的今天，家庭的和谐显得非常重要。

家庭是什么？家庭是以婚姻为基础、以血缘为纽带而形成的社会生活的基本单位，是社会最微小的细胞，是人出生后的第一个生长环境，是我们成长活动的主要场所。

家是我们每一个人幸福、宁静的港湾，老人在家里安享晚年，成年人辛苦劳作一天后，回到家歇息，未成年人在家的保护下健康快乐地成长。

家庭的功能主要分为个人功能和社会功能两类：

家庭的个人功能	家庭的社会功能
1．提供衣食住所	1．是社会的基本组成单位
2．相互关心，提供爱和温暖	2．繁衍后代，养育子女
3．赡养老人	3．传承文化，传递社会价值
4．养育儿童，促使儿童社会化	4．生产和消费

一个健康的家庭是一个充满爱的家庭，它有两个特征：一是夫妻（父母）之间有良好的关系，从而创造和谐温馨的家庭氛围；二是生育和养育健康的子女，并能帮助孩子全面成长。

就像我们无法选择父母一样，家庭也是无法选择的。在不可选择的家庭中，每个家庭成员都要付出努力。它需要以爱为基础，以履行承诺为支撑，以沟通做纽带，以相互尊重、相互信任为前提，以关心社会、热爱社会、回馈社会为共识。生活在这样的家庭中，你会时时刻刻感受到亲情、温暖和关怀。在遇到困难和挫折的时候，它会成为你的避风港。

友情会有遗憾，爱情会有背叛，人的一生中会出现无数次的变故，只有家，总是以最宽容的姿态接纳我们在外面所遭受的一切，任我们把一肚子的辛酸在家里慢慢消融，并重新找到再上路的勇气——这种感觉不似友情，不似爱情，而是一种心与心的呵护，心与心的依靠。

活动

我爱我家

目的要求

了解家庭成员的义务和责任，感受父母的爱、家庭的温馨。

方法步骤

1. 每位同学用不同的方式（摄影、图画、文字）记录下自己与父母在一起的温馨时刻，在小组内进行交流。

2. 每组选出一位同学进行全班交流，讲述一个自己家的故事。

3. 请同学们放飞想象的翅膀，设想一下十年后与父母在一起愉快生活的情景：“那一天，那一刻，我和老爸老妈……”

4. 给下面的歌词谱曲并合唱。

我的家庭真可爱，美丽清洁又安详；
父母儿女很和气，身体康健乐融融；
虽然没有大厅房，欢歌笑语常不断；
虽然没有好花园，月季芬芳常飘香；
可爱的家庭啊，永远镌刻在我心中。

5. 把全体同学关于家庭的摄影、图画、文字展示出来，做一期主题为“我爱我家”的墙报。

讨论

1. 你平时在家一般都做些什么家务事？是自愿做的，还是父母要求做的？

2. 你会不会经常把班上发生的事告诉父母，和他们交换意见？

知识链接

好人谢延信

1973年，刘延信与同村姑娘谢兰娥喜结良缘。第二年7月，刚生下女儿不久的妻子就不幸去世了。妻子去世前，嘱咐丈夫要好好照顾自己的爹妈和智障兄弟。望着痛不欲生的两位老人，想着爱妻临终时的嘱托，善良的刘延信“扑通”一声跪在两位老人面前：“爹、娘，兰娥不在了，俺就是你们的亲儿子，你们有病俺伺候，百年以后俺送终！”

这一跪，跪出了三十多年的真情与责任，跪出了三十多年的忠贞与孝心，跪出了一个大孝至爱、感天动地的谢延信（为了表达自己成为这个家庭一员的决心，为了让岳父岳母放心，刘延信改姓为谢）。

1979年，岳父患重度脑中风，再也没有站起来。一老，一瘫，一傻，一幼，家庭的重担全部压在了谢延信的肩上。岳父大便干结，他用手往外抠；岳父喜欢听豫剧，他省吃俭用买了一部收音机；岳父喜欢听武侠小说，他借书读给老人听。他帮老人按摩、翻身、擦洗、活动，老人心情不好骂他，他一笑了之，从不计较。岳母体弱多病，谢延信想方设法为老人买补品补养身体。老人头疼脑热的，他就守在病床前喂水喂饭、端屎端尿。内弟先天呆傻，经常外出后不知道回家，谢延信总是满大街找。有时内弟解大便弄得满身是屎，谢延信就哄着他换洗衣服，从不厌烦。

为了省下钱给老人治病、补充营养，4元钱一双的塑料凉鞋，谢延信补了又补，一穿就是6年。一件衬衣白天穿脏了晚上洗洗，第二天再穿，整整穿了10年。妻子去世后，为了照顾这个家，谢延信一直没有续娶。通情达理的岳母既欣慰又愧疚，一次次劝他走，劝不动就骂，边骂边往外赶。谢延信的善良和真情最终打动了一位善良的农家女，心甘情愿走到了他的身边，并与他一同支撑起这个艰难的家。

谢延信不是钢，不是铁，他老了，病倒了，因患高血压，三次被送进医院抢救。脑溢血不仅造成他步履蹒跚，更严重损伤了他的记忆功能。但他的意志没有垮，孝心没有变，责任没有失，良心没有丢。他隐藏起最沉重的哀愁，担负起了让希望生生不息的重任。

这个故事延续了三十多年，而且还将继续下去。

2007年，谢延信被评为“感动中国”年度人物，组委会授予他的颁奖词是：

当命运的暴风雨袭来时，他横竖不说一句话，生活的重担压在肩膀上，他的头却从没有低下！用33年辛劳，延展爱心，信守承诺。他就像是一匹老马，没有驰骋千里，却一步一步地到达了善良的峰顶。

“感动中国”推选委员杜玉波，对谢延信这样评价：这个人对爱情忠贞，对老人孝顺。谢延信，人如其名，信守一生。

“感动中国”推选委员陈淮，在推荐谢延信的时候这样写道：家庭是什么，是人世间最可信赖的社会细胞。谢延信做到的不仅仅是孝，这是对家庭亲人的忠诚，我们这个社会需要的就是这种忠诚。

站在全国道德模范领奖台上，谢延信依然是那样朴实：“岳父岳母也是俺爹娘，内弟就是俺的亲兄弟，我会好好待他们。”

避孕和终止妊娠

她叫小X，长得秀丽多姿，某重点中学高一学生，和同校一个高二男生小Y恋爱了。经过数月，两人的感情朝着沸点直线上升，在小Y的频频进攻之下，小X终于羞羞答答地接受了“爱”的要求。渐渐地，她开始觉得身体不适起来。于是悄悄地做了检查，结果证实她怀孕了。拿到化验单那一刻，她惊呆了，内心的羞辱和悔恨，整个压垮了她。怎么办？这种事羞于启齿，不敢求助父母、老师和同学、朋友，更怕去医院做手术走漏风声而无颜见人。于是她开始在马路旁查找私人诊所，企图私下打掉胎儿。

她好不容易找到了一个个体医生，在小Y的陪同下去堕胎。可是这个医生手术时不小心，出了事故。当时她流血不止，医生不但不抢救，还若无其事地说：“动手术，难免要出血！”不懂医术的小Y半信半疑，他只好搀扶着女友回家。可怜的小X一路上流血不止，到家时已经呻吟无声、奄奄一息了。她母亲见此情景来不及问清缘由，立即打电话叫来救护车。但是人还没送到医院，由于失血过多，小X就停止了呼吸。

幼稚加无知，白白葬送了她年轻的生命。

爱与性有密切的关系，随着爱情的萌芽，两人的感情日益加深，最后过渡到亲密接触。在现实中少男少女一旦越过了界限有了性行为，有第一次，就有第二次、第三次、第N次，神秘感消失，爱情在不知不觉中变味，双方冲突会增多，感情变得越来越淡漠。如女方怀孕，有的男性还会突然变得冷漠，分手在所难免。然而此时分手往往会给女方带来巨大的伤害。

少男少女们还没有达到能够独立承担社会责任和经济责任的年龄，不能由于一时的冲动，而酿成悲剧。

由于少女缺乏性知识，少女怀孕走的多是这样的程式：

恋爱—性行为—无避孕—妊娠—不知道怀孕—大月妊娠—人流或引产。

如果情到浓处，不可避免地发生了性行为时，应怎样避孕？

A. 正确使用安全套；B. 正确使用阴道药膜；C. 24小时内服用紧急避孕药。

早孕反应有哪些？

A. 停经；B. 停经后出现恶心呕吐；C. 停经以后头晕、乏力、嗜睡；D. 停经后厌食、偏食。

怎样自我检查是否怀孕？

使用“早孕诊断卡”、“早孕试纸”，按说明进行检测。要想准确了解自己是否怀孕，最好的方法还是去医院检查。

如果中学女生怀孕，怎样终止妊娠？

应在医生的指导下流产。停经49天以内的早孕可采用药物流产，49天以上的采用其他形式的人工流产。

婚前性行为的直接后果就是可能怀孕。在这种情况下，怀着身孕的女性都不得不选择终止妊娠，这种选择无论是心理上还是生理上，都是非常痛苦的。因此，无论男女，都应从自尊、自重、自爱出发，善待“性”，不能随意亵渎“性”，不能任随性冲动在体内横冲直撞。男孩要做一个负责任的男子汉，女孩要洁身自爱，千万不要被一时的性冲动冲昏了头脑，给自己的身体健康和将来的婚姻家庭留下遗憾。

活动

理智与情感

小W和小Z两个月来一直在频频约会。有一个星期六晚上，两人相约看了一场电影后，他们走到一个偏僻的地方。那是一个夜色迷人的晚上，凉风习习，鸟声啁啾。小W爱抚着小Z，吻她，两人拥抱在一起。小W动手要脱下小Z的衣服，小Z不依，对小W说：“我不想干那事，请别这样。”小W不肯罢休。两人争论了很久，小W信誓旦旦，小Z坚持要等穿上白色结婚礼服后才可以。最后小W说："如果你爱我，就不会光在嘴上说说而已，就能在肉体上也爱我。我有这种需要，而你却不愿满足它。如果你不愿意，我就不想再见到你了。"

此时，小Z真是太为难了。她确实爱小W，而且也被他激起了强烈的欲望。可是，她还在上学，而且马上要面临高考。她该怎么办呢？

讨论

1. 如果小Z答应小W的要求会有什么后果？不答应又会有什么后果？
2. 如果你是小Z，你打算怎么办？

知识链接

有这样一位女教师，在她年轻的时候，由于无知和性冲动，和同校的一个与她相爱的男同学发生了两性关系，起先她认为无所谓，反正迟早要和他结婚的。可是毕业后，男同学变心了，而她却生下了女儿。他们没有结婚，在社会道德面前她成了罪人，在别人面前她抬不起头来，罪恶感压抑着她，她再也没能结婚成立家庭。她用自己的辛勤劳动，把女儿抚养成人，但由于心灵上的创伤，一直郁郁寡欢，年仅四十几岁就与世长辞了。

在她离开人世以前，把自己的教训告诉给所教的女学生，还反复叮嘱自己的女儿，要庄重自爱，不要轻率地尝试婚前性行为，自己要对一生的幸福快乐负起责任，不要违反社会道德和法律，否则将自食其果，一生都不会幸福。

总之，在高中学习阶段，我们要树立正确的恋爱、婚姻、家庭观，立足现实生活，学知识练本领，为我们今后的幸福生活奠定基础。

八

学习压力　策略应对

进入高中以后，同学们除了面临新的学习环境外，还将迎来繁重的学习任务和接受不同的学习方式。如何应对这些新的挑战，自己是否做好了准备，以及如何看待和准备三年后即将到来的高考，这些都会影响到同学们今后的学习、生活和成长。

学习压力与应对

令人不安的调查

广州市越秀区民进总支对部分中小学生进行的心理健康问卷调查显示，分别有19.4%的被访小学生、28.9%的被访初中生、36.8%的被访高中生“夜里睡觉总想着明天的功课”；41.7%的被访高中生“经常想大声喊叫”。

重压下的早逝

长春市一名初一学生因突发脑出血，住院8天后仍然昏迷不醒，最终离开人世。医院的一位脑科大夫说，学习压力过重是造成这名学生脑血管突然出血的原因之一。

这个孩子的家长说，孩子从上学前班开始，学习就一直名列前茅，正常的学习之余还参加了各种补习班。每次新学年开始时，这名同学早已学完这一年的课程。这名同学的上进心太强了，每天4点钟就起床开始学习，晚上回家后也从来不跟别的孩子玩，平时也很少下楼。他从小学到初中获得的书法、美术、小记者等各项奖章、奖牌、证书近20种……

1. 压力是一把双刃剑

“压力”这个词来源于物理学。从心理学的角度出发，压力是指任何超出个人应对能力的事件或环境，以及个体在与这些事件或环境相互作用过程中，通过个体的认知与评价而在心理上产生的一种情绪体验，在心理学上一般用“紧张”、“焦虑”来表示。

同学们在学习过程中对外界环境所提出的要求进行认知和评价时，如果认为这些要求超出了自己所能够应对的范围，就会在心理上产生“紧张”、“焦虑”等情绪，学习压力也就由此产生。

压力的存在究竟是好还是坏？俗话说，“井无压力不出油，人无压力轻飘飘”。所以很多教师和家长都认为压力的存在是非常必要的，学生一定要有一点压力才能出成绩。但为什么重压之下学生的学业成绩并不像教师和家长所希望的那样有所提高，反倒出现了许多心理问题，甚至自杀的惨剧呢？看来压力也要讲究一个度。同学们如果把教师或家长的要求看做动力，就会在自己力所能及的范围之内不断努力，力求取得好的成绩；同学们如果把教师或家长的要求视为对自己的威胁，并觉得面对眼前的要求无能为力，那么起坏作用的压力就产生了。

2. 学习压力的来源

造成学习压力的原因很多，有外部的和内部的。例如，学习任务过重、教师的要求过高。

家长对子女的期望过高是学习压力的重要来源。家长过高的期望值不管对学习成绩好的同学还是对学习成绩差的同学都是一种负担，学习成绩好的同学总是担心被别人赶上、超过，学习成绩差的同学总觉得自己不如别人，就算拼命追赶也难见成效，导致自卑心理越来越重。

学校和教师对学生的过高要求同样是学习压力的重要来源之一。学校为了达到某些考评指标，迫使教师过分注重学生的学业成绩，搞题海战术，频繁进行考试，导致学生始终处于一种高度紧张的状态，学习压力也因此而产生。

其实，压力总是客观存在的。而个体对压力的理解和应对在压力的缓解过程中起到了非常关键的作用。

3. 学习压力的应对方式

面对不可避免的学习压力，同学们可以尝试通过综合运用以下所介绍的应对方式来减轻或缓解自己所感受到的学习压力。

第一，培养积极的自我认知习惯。合理的自我认知对缓解压力能起到至关重要的作用，自我评价过高或过低都容易使同学们对学习中的事件产生歪曲的认识，导致错误的归因（指人们对他人或自己的行为进行分析，推论这些行为的原因的过程）。如果同学们把学习结果归因于自身努力，由于自身努力程度是可以由同学们自己掌控的，这样的归因就可以使同学们感到学习压力不是那么大。如果同学们把学习结果，特别是不理想的学习结果，归因于自身的能力水平，那么，往往会产生一种无能感。如果同学们长期处在这种无能感的包围中，往往会导致对学习失去信心，体会到更多或更重的学习压力。

第二，培养和提高对学习的兴趣。兴趣是人们获取知识的强大动力，当同学们对学习具有强烈兴趣时，就会感到学习不是苦差事，而是一项非常有乐趣的活动，从而对学习压力的感受得到明显的减轻，甚至没有压力感。

第三，提高自身的自我评价水平。自我评价是同学们对自己的环境和社会关系的认识，也是对同学们自身的价值观念的认识。积极而正确的自我评价有利于同学们对学习要求形成正确的认识和评价，从而明确自身的学习目的，使自己能够积极主动地调节自身心理和行为，避免不良情绪的产生，减轻学习压力。

第四，与家长和教师进行积极沟通。为了使家长和教师的过高要求和期望降到合理的水平，同学们可以尝试与自己的父母和任课教师进行交流，就自己的未来、兴趣、学习情况等方面与他们进行对话，从而使他们能更多地了解自己。这样做，一方面同学们可以获得他们的理解、支持和帮助，另一方面可以使他们合理调整对同学们过高的期望值，从而缓解同学们的学习压力。

第五，适度的情绪宣泄和积极的自我暗示。合理宣泄的方法有很多种，比如通过找朋友倾诉、做运动、大喊出来、写日记、写博客等方式，把心中的郁闷全部疏导出来。与人诉说是缓解压力的重要方式，同学们平时应多和同学沟通，多参与团队活动。

此外，平时还可以多开发一点愉悦身心的兴趣爱好，如运动、音乐等，学会消闲和放松自己。

活动

自我诊断

目的要求

检查自身是否存在过重的心理压力。

方法步骤

你有以下这些现象吗？如果答案是肯定的，那么请和你的同桌或其他同学一起想办法来帮助自己缓解心理压力。如果答案是否定的，首先恭喜你，并希望你继续保持好的心情和状态。

1. 我每天都心神不宁，有时候心里很焦虑。

2. 有时候明明自己有很多事情，但却不知道要干什么。

3. 我一看见学校心情就不是很好。

4. 我整天都想出去玩。

讨论

面对繁重的学习任务，根据自身实际情况，我们该如何缓解自身的学习压力？

知识链接

心理专家谈如何避免考前失眠（访谈）

主持人：如何在考前保持良好的睡眠呢？

龚老师：我只能给大家提一些简单的方法。首先大家要明白一点，考前复习不是完全地拼时间，一定要保证睡眠。睡眠时间因人而异，这个没有非常严格的要求。第二个问题，临睡的时候，不要饮用茶、咖啡等含有咖啡因的东西，包括可口可乐，这些东西都会使你比较兴奋。第三点，如果你想解决睡眠的问题，简单的方法是可以在临睡觉之前喝一杯牛奶，或者是洗一个热水澡，这些都是非常有用的帮助你睡眠的方法。

主持人：有一位考生问，睡眠不好，我可以吃安眠药吗？

龚老师：如果有非常严重的失眠情况的话，用安眠药一定要在专业医生的指导下使用，绝对不能自己在马路边买两片就吃，这样对你会有非常大的坏处。但是我相信绝大部分人紧张失眠可能是与自己的一些生活习惯有关。比如可不可以晚上不喝茶，不喝咖啡。

克服考试紧张有方法

考试紧张直接影响到知识水平的发挥，直接影响到考生的考试成绩。现介绍克服考试紧张的几种方法，不妨一试。

(1) 深呼吸法。考前找一个比较安静的地方，站立，眼微闭，全身放松，深呼吸，同时默念“1——2——3——”，心想：放松、放松。这样可以使血液循环减慢，心神安定下来，全身有一种轻松感。

(2) 扮怪脸法。找一个稍偏僻的地方扮怪脸，歪嘴扭唇，抬鼻斜眼，放松面部肌肉。如能面对小镜子看到自己的古怪神态，一定会忍俊不禁地笑出声来，一切牵肠挂肚的念头都消失了。

(3) 精神胜利法。心里想：“我一定能成功，一定能超常发挥，考出好成绩。我考不好，别人也不怎么样。”这样做会减轻压力，让自己保持平常心。

(4) 临场活动法。由于正常的紧张情绪也会使体内产生大量的热能，所以可以在考试前稍稍活动活动，使热量散发。可走动、小跑、摇摆、踢腿；可以双手握紧再放开，让全身肌肉收紧再放松；可在考试过程中用力拧一下身体的某一部位。这样紧张情绪会渐渐消除。

(5) 闭目养神法。闭目，舌抵上腭，经鼻吸气，安定心神。可以设想一个人走在幽静的森林里，怡然自得。

(6) 凝视法。确定一个距离较远的明朗的物体，凝神观看并细心地去分析、琢磨其颜色与远近。

(7) 漫画消遣法。可翻翻夸张、逗趣的一些漫画作品，促使心情开朗、情绪高涨。

(8) 自我暗示法。对自己说：“我已做好充分准备，不会考坏的！”、“紧张是胆小鬼的行为。”

(9) 类比法。心里想：“我考试紧张，任何人考试都紧张。”这样一想，就可对自己的紧张泰然处之，情绪反而因此放松下来。

(10) 联想法。紧张时，想自己曾经做过的成功的事，回想成功时的心理体验，这样会感到非常满足，从而消除紧张。

把握学习策略

高考状元谈学习

［史小楠，女，1983年12月19日出生，毕业于北京四中，高考总分646分，

2002年北京市高考文科状元，被录取到北京大学金融学专业。兴趣爱好是听音乐、看足球。]

我觉得学习方法对于每个人来说，是好是坏也不一定，但这个方法如果对你管用，有效果，那就是好的学习方法了。我的学习方法既有从老师和同学那里学到的，也有自己摸索出来的。说到英语呢，我认为英语的阅读很重要。高三的第一学期，老师就让我们读“书虫系列”，每星期读一本，就是大量地阅读。平时我每天坚持做两篇阅读练习，另外读英汉对照的读物。

[李萌，男，2000年河南省理科状元，被录取到清华大学自动化系。]

刻苦只是自己毅力与精力的问题，一般人均可做到，然而有人成功，有人失败，这是为什么呢？这里就涉及到一个方法的问题。只有用正确的方法来指导刻苦，刻苦才能最大限度地发挥作用，我们的成绩才能得到更快的提高。下面我来谈一下自己的几点经验，以供大家参考。

1. 审清题意。这其中包含着一个是否将精力高度集中的问题，而这也是审清题意的关键。自己可将题目所给条件一一列举，并将所包含的隐藏条件也挖掘出来。2. 重视做题思路。做题思路很重要，这是做好题的基础，其中找对题目的切入点更是基础中的关键。3. 方法是很重要的。做题的方法，是解决问题的途径。它是要靠累积的。4. 一切要细。对于书本上的概念要一字一字地读，一字一字地推敲。对于老师讲的话要一字一字地听，一字一字地抠。审题时要细心，做题时要细心，尤其是计算时更要细心，细心是得高分的基础。5. 多思考，多提问。思考的东西是多方面的，可以思考自己，思考平时所遇到的物理或化学现象，思考老师上课讲的每一句话，思考自己所做习题的正确解法等。

心理专家的调查

在中国科学院心理研究所教授、博士生导师王极盛教授调查的32名高考状元中，80%的人认为自己的智力水平一般，20%的人认为自己的智力属于中等偏上水平。有的高考状元说，高中时班里比自己聪明的人有的是，这些同学脑子反应快，但由于不勤奋或学习方法不对头，最后没能取得更好的成绩。而高考状元都有自己行之有效的一套方法。

比如，学数学一定要把最基本的概念搞清，不要盲目去做题，同一类型的题做几道找出规律即可。他们认为应适当做一些题，但不要做自己能力达不到的题，如奥林匹克竞赛题，做不出来，反而会心理受挫；也不要做太简单的题，那样会事倍功半。学语文要大量阅读书报杂志，课外阅读对提高语文能力、作文水平很有帮助。学英语要大声朗读，英语语感十分重要，没有语言交流的机会，大声朗读可以增强语感，提高口语能力。

被访的高考状元无一例外都很重视自学。

从以上事例和调查结果同学们可以看出，学习是一项具有技巧的活动，学习的成效直接反映学习者学习策略的优劣，好的方法等于好的成效。

学习策略是指在学习活动中，学习者为达到一定的学习目标而使用的学习规则、方法和技巧，同时也是一种学习者在学习活动中对思考问题的操作和监控过程。学习策略一般分为通用学习策略和学科学习策略。这里，主要谈的是通用学习策略。关于各学科具体的学习策略，同学们可以从任课教师的指导中获取。

1. 高效记忆策略

记忆是学习的一种基本要素。目前，心理研究认为，人类记忆包括识记（指开始记忆的过程）、保持（指知识、经验在头脑中的贮存过程）和再现（指经历过或记忆过的事物或知识再一次在头脑中或行动上出现的过程，包括回忆和再认。回忆是指头脑中重新浮现出过去经历过或记忆过的事物；再认是指重新感知已感知过的事物或知识时能够辨认出来）三个基本过程。

从信息在人脑保存时间的长短来说，记忆可以分为感觉记忆、短时记忆和长时记忆。感觉记忆保持信息的时间一般不超过5秒，学习中同学们基本难以感觉到这种记忆的存在；短时记忆保持的时间约为20秒，最多不超过30秒，其容量为7±2个组块。组块是指在人们过去的经验中已变得相当熟悉的一个刺激单位，它不是一个固定值，往往与记忆者相关背景知识的多少有关。一个人对某方面的知识掌握得越多，他在这方面的组块就越大，其短时记忆的容量就越大，记忆的能力就越强。长时记忆是指保持信息的时间为1分钟以上直至人的一生的记忆，其容量相当于5亿册图书所包含的信息量。

提高我们的记忆效果和效率，一直都是每个学习者的梦想。根据现在的研究，人类的记忆活动有一定的规律，如果同学们找到并遵循这些规律去做，记忆效果和效率会得到大幅度提高。

（1）遵照意向律，提高识记的目的和意图。

意向律是指识记的效果受到识记的目的和意图的制约。通常有明确识记目的和意图的识记，其效果要高于无明确目的和意图的识记；有具体目的和意图的识记，其效果要高于只有笼统目的和意图的识记。另外，对于有用的知识，同学们要树立长远的记忆目标，尽量要求自己的记忆保持长久，这样识记的内容就能保存得更好和更长久。

（2）联想记忆法。

对于枯燥乏味的记忆内容，同学们可以人为地赋予这些内容以意义，使这些记忆内容变得生动有趣，这样记忆的效果比较好，也有利于回忆或再现。此方法通常称为记忆术，其核心为联想记忆法。

联想记忆法就是由此事物联想到与之有关联的另一事物的记忆方法。联想方式有接近、相似、对比等。接近联想主要是指在时间和空间上接近的事物之间产生的联想，如看到乌云就想到下雨。相似联想是指在现象或性质上相似的事物之间产生的联想，如看见昆明西山就联想到睡美人。对比联想是指在具有相反特点的事物之间产生的联想，如由成功想到失败，由高兴想到悲伤等。

联想记忆法常用的方法有：

①形象联想记忆法。即把要记忆的内容尽量形象化。换句话说，就是在头脑中画画。例如，要记住“王安石”这个古代人名，可以想象一个戴着皇冠的帝王坐在石头上洋洋自得的样子。

②谐音联想记忆法。即利用音同或音近的字代替需要记忆的文字或数字，使之成为通顺而有趣的易记的文字。例如，把圆周率3.14159谐音为“山巅一寺一壶酒”。

（3）整体识记与部分识记。

一般来说，短而整体性强的识记材料，以整体识记为好，如识记唐诗中的绝句就可以用整体识记。材料长时可以采用部分识记法，即把整体分成若干部分，一部分一部分地记；若各部分熟记后，部分与部分的次序不允许混淆，可以采用首字记忆法把各部分依次连接成整体，即把各部分的首字（若首字有重复也可以多取一两个字）按次序连接起来。例如，太平天国起义后的进军路线“金田→永安→桂林→全州→长沙→岳州→武昌→九江→安庆→南京”，采用首字和谐音记忆法可以编为：金永桂全长约（岳）五（武）九，安寝（安庆）难惊（南京）。

（4）过度学习。

过度学习是指在刚刚能背诵或回忆的基础上的进一步学习。学习内容的记忆保持量随过度学习的增加而增加。但过度学习的次数太多，记忆保持量的增加幅度不会随之增加。最佳的过度学习为50%～100%。例如，刚能背诵一首诗需要读6遍，那么过度学习的最佳值为3～6遍，即总共读9～12遍。

（5）尝试回忆。

尝试回忆是一种有效的复习方式。尝试回忆是指在阅读材料几遍以后，就尝试背诵或默写，实在回忆不起来的地方再重复阅读，再尝试背诵或默写，如此反复循环，直到记牢为止。一般来说，把全部练习时间的60%~80%用来尝试回忆，20%~40%的时间用来诵读，这样的效果较好。

（6）“过电影”。

“过电影”就是把所学知识的主要内容和难点在脑中全部连贯起来回忆一遍。若能顺利、清晰地回忆完，则说明掌握的知识较牢固。若“过电影”时卡壳或模糊，则说明这些知识有待进一步复习。若在考试之前，以“过电影”的方式进行心理彩排，不仅可以自我考查学习的效果，而且假如“过电影”进行顺利，还有助于增强信心。“过电影”通常是进行阶段复习或总复习的一种有效方式。

（7）联想追忆法。

当同学们在回忆或再现时遇到困难，可以借助事物间的接近性、相似性和对立性进行联想搜索。例如，当你考试时一时想不起某个物理公式，你可以先回忆这个公式在课本上的具体位置，或者回忆老师当时是如何讲解这个公式的，举过什么样的例子，通过这样追踪回忆，也许你就能想起这个公式了。

（8）及时复习。

根据心理学研究，学习难以理解的新材料后20分钟的遗忘率为42%，此后遗忘速度逐渐减慢，两天后遗忘率就没有太大的变化了。遗忘的进程是先快后慢，先多后少。因此，同学们要及时复习。

对不容易记住的学习材料，如外语单词、符号、公式等，尤其需要及时复习。但是，及时复习不是即时复习，如刚下课就复习。每天晚上睡觉前将当天学习的重要内容回顾一遍，记忆的效果较好。

2. 通用思维策略

通用思维策略是指同学们在信息加工活动中，根据一定需求和情况而采用的一些解决一般问题的程序、方式和方法。

加拿大的伍兹（D.R.Woods）提出了解决问题的“六步说”：

（1）增强动机，坚定信心（要有解决问题的愿望和自信心）；

（2）弄清问题（明确解决问题的目标和已知条件）；

（3）探索问题（寻求目标和已知条件的联系）；

（4）拟订计划（根据上两步的分析和探索，制订出解决问题的计划或思路）；

（5）实施计划（根据计划，执行解决问题的方案，并在执行过程中根据实际情况对计划进行调整）；

（6）回顾（对整个解决问题的过程进行回顾和总结，找出成功或失败的原因）。

3. 阅读理解策略

阅读理解是阅读者从书面语言中获取信息，获得知识、意义的活动过程。

（1）语言理解策略。

语言理解就是借助语言材料在头脑中形成意义的过程。语言理解策略主要反映在对字、词、句的聚焦、预测、推断和监控上。

聚焦就是抛开冗余信息、枝节信息，把注意力集中到有效的信息上。预测就是阅读者在对字、词、句进行识别加工时，对它们蕴涵的意义以及后面的内容进行估计和预见。正确的推断是阅读理解水平高的表现，它需要阅读者在脑中进行一系列复杂的逻辑思维活动，对已知的事实进行合乎逻辑的联想，以已知的事实为依据，对作者希望表达而又未作明确表达的意思进行正确的推理。监控就是对自己在阅读过程中的理解程度的一种自我评价和调整。

（2）寻找中心句策略。

文章段落是由许多句子组成的，而句子又是围绕着中心意思按照一定的思路组织起来的。因此，读懂段落就是读懂段落的中心意思。一段文章往往仅有一个中心句，这一句即是全段的核心，其他句子都是围绕它从不同角度、不同方面进行叙述的。在阅读文章时，准确地把握段落的中心句，对于理解段落内容具有重要意义。

通常情况下，中心句出现在三个地方：段落开头、段落中间和段落结尾。

活动

寻找学习的钥匙

目的要求

形成和完善自己的学习策略。

方法步骤

请列出关于语文、数学、英语3门学科你自己认为行之有效的学习方法或策略，并和其他同学进行交流。

学科名称	有效的学习方法或策略
语文	
数学	
英语	

讨论

你认为有了好的解题策略和阅读策略，是否就可以不用识记数学、物理、化学概念和公式以及英语单词了？

知识链接

自信是女状元胜出的关键

“在初中，女生还可以抖抖威风，一到高中女孩子就不灵了。”“学数学女孩子不行，数学家有几个是女性？”这是我们经常能听到的一些说法。王极盛教授通过调查发现，在受访的北大32名高考状元中，12位是女生，她们都认为女生和男生一样聪明。有意思的是，在被访的参加全国统一命题考试的高考状元中，有一人数学得了满分，这人就是辽宁的高考女状元黄晓庆！心理学的研究成果也表明，男女之间智力水平总体上差别不大。

王极盛教授分析说，有些女孩接受了女不如男的观念，而这正是她们数学上不去的真正原因。其实她们不是能力不行，而是信心不行、状态不行，这是心理作用。她们总觉得自己不行，不能把自己的知识、创造性思维、创造性想象予以充分的组合、更新。

家教须民主，施教要宽松

王极盛教授曾就家长教育子女的问题在北京市900多名学生中做过一次调查。结果他发现，有30%的家长溺爱孩子，对孩子过分保护；有30%的家长对孩子过分干涉；有7%的家长对孩子过于严厉；只有30%的家长属于温暖理解型的，能和孩子融洽相处。而他对32名高考状元的调查发现，几乎所有高考状元的家长都属于温暖理解型的！

被访高考状元的家长在学习上从不给他们下硬指标，要考多少多少分，而是说只要尽力就行了。宽松、民主的家庭环境给学生心理和人格发展提供了广阔的空间，学生可以按照自己的特长和爱好发展。当然，有时父母对孩子也给予适当的指导，但这种指导是理性的。

高考状元们的成功自然离不开老师的帮助。被访的高考状元们认为自己老师的最大优点是和学生做朋友，以宽松的方式管理学生。

九

积极心态　迎接高考

1977年，“文化大革命”后我国第一次恢复高考制度。是年9月，中国教育部在北京召开全国高等学校招生工作会议，决定恢复已经停止了11年的全国高等院校招生考试，以自愿报名、统一考试、择优录取的方式选拔人才上大学。

这次具有转折意义的全国高校招生工作会议决定，恢复高考的招生对象是：工人、农民、上山下乡和回乡知识青年、复员军人、干部和应届高中毕业生。会议还决定，录取学生时，将优先保证重点院校、医学院校、师范院校和农业院校，学生毕业后由国家统一分配。

1977年10月21日，《人民日报》刊发题为“高等学校招生进行重大改革”的消息，标志着中断11年的高考制度正式恢复。

与过去的惯例不同，1977年的高考不是在夏天，而是在冬天举行的，570万从15岁到30多岁的考生涌入考场，参加了考试。百废待兴的中国，居然拿不出足够的纸张来印试卷，为了解决高考试卷急需用纸，中共中央决定，调用印刷《毛泽东选集》第五卷的纸张。

这一年的高考招生，虽然按当时的办学条件只录取了不到30万人，是真正意义上的千军万马过独木桥，但是它却激励了成千上万的人重新拿起书本，加入到求学大军中去。1977年的中国，各行各业对知识、对人才的需求和吸纳在今天看来仍是十分惊人的。

1982年，“文化大革命”后首批大学毕业生新鲜出炉，随即被一抢而光。许多人的命运因高考而改变，高考成为改变命运的一大机遇。

相比1977年，而今大学的独木桥已变得非常宽阔，恢复高考30年后的2007年，高校计划招生567万人，与30年前报考人数极其接近，但录取比例却提高到约2:1。

话说高考

中国是世界上最早注意研究选拔人才的国家之一，发明了科举制度，后来演变成文官制度，这是对人类文化的一大贡献。科举制度产生于隋朝，形成于唐朝，完备于宋、明，至清末（1905年）被废除。科举考试是古代的公务员考试，从政是考试的直接目的，这与现在考试目的的多样性不同。新中国成立后，基本是照搬苏联的教育管理模式，在人才选拔和培养上借鉴了中国传统的科举制度。

高考关系到千百万青年学子的前途、命运和千家万户的切身利益，承载着广大学生、家长和教师的期望，是典型的高竞争、高利害、高风险的大规模选拔性考试，是中国各类考试中最重要、影响最大的。

任何一种考试，包括封建社会的科举考试以及现在的高考，都是测试人的能力，按考试成绩高低，顺序录取。高考是对同学们学习过程和结果的检验，而不是人生的全部。“一考定终生”的考试方式，其结果并不能准确全面地反映出同学们的全部才能。

谁是真的英雄

在人生的道路上，高考也许是我们必须要直面的第一个重大转折事件，无可回避。那么，我们该怎样来看待高考呢？

高考只是一次考试，长大了要面临更多的考验

陈丹青，画家，曾任清华大学教授，油画《西藏组画》的作者，中国油画界的巅峰人物。他的《西藏组画》与罗中立的《父亲》并称为中国当代美术史的里程碑。1953年陈丹青生于上海，1970～1978年插队农村，自习油画。1978年他考入中央美术学院油画系研究生班。1982年初移居纽约。2000年回国后成为清华大学特聘教授、博士生导师，同时主持“陈丹青工作室”的工作。事实上，这位蜚声海内外的著名画家，由于当时的历史原因，初一根本没有念，初二初三就在学校里面学工学农，也没有上过课。他画画都是在民间自学。他说他之所以后来会上中央美院，会变成一个职业画家，就因为坚持奋斗，尽管当时奋斗下去会怎么样，会奋斗成什么样子，他完全不知道。“后来，整个国家改革开放，一切发生了，发生以后就看得出来，当年有奋斗的人，当年有勇气的人，坚持下去的人，结果他就出来了。”

近年来，陈丹青一直在抨击教育制度中的某些问题，不过那是针对制度的执行者的对话。对于孩子们，他依然认为，还是要经历一下高考。他说：“年轻人，我想得考试，当然不是现在这样的考试，但是你总得通过检测。因为今天是考试，长大了你要面临更多的考验……其实你要知道你20岁以后，30岁以后，40岁以后，你面临的考验会非常多，可能远远比考试严酷，但是你要知道你过得了的，没关系的，人的承受能力自己不知道。要有这个勇气，而且我相信有自信的孩子应该过得了这一关。”

持之以恒才能生生不息

俞敏洪，中国最大的民办英语培训学校“新东方”的创始者和掌门人。他创办的新东方学校，至今已经培训了300万学员。

作为一个农民的孩子，离开农村到城市生活就是俞敏洪的梦想，而高考在当时是离开农村的唯一出路。当年的高考，俞敏洪共考了三次。1977年、1978年，头两次冲击江苏当地的师范学院。他说他当时的成绩也就够考一个地方师范院校。可是，就是这样，他也考不上。由于知识基础薄弱等原因，他第一次高考失败得很惨，英语才考了33分；第二年他又考了一次，英语考了55分，依然名落孙山；1980年的第三次高考，俞敏洪一下从江苏的农村跳到了北大。三次高考经历，俞敏洪总结了这样两点：第一点是坚持的重要，因为无视失败的坚持是成功的基础；第二点就是能力和目标

成正比，能力增加了，人生目标自然就提高了。他一开始并没有想考北大，师范大专是他的最高目标，但高考分数上去了，自然就进了北大。

俞敏洪说，人生的机会通常是有伪装的，它们穿着可怕的外衣来到你的身边，大多数人会避之不及，但那些具备独特素质的人却能看到其本质并抓住它们。这些素质中最重要的就是承受失败的能力和勇气。“我在自己的生命历程中遭遇了很多次失败，但也正是这些失败及其背后隐藏的机会最后成就了我。最终，我懂得了一个道理，就是藏在失败背后的机会也许是最好的机会，这也使我进一步增加了坚强面对失败的勇气。到后来，坦然面对挫折和失败便成了我的一种常态，在失败面前，我会不断激发自己的斗志，就像高尔基在《海燕》中所说的那样：让暴风雨来得更猛烈些吧！”

普通大学同样有出息

马云，1964年出生，杭州人。小脑袋，小身子，即使是40年后，他的“光辉形象”仍然没有什么大的改观。美国《福布斯》记者对马云的描述是这样的：“深凹的面颊，扭曲的头发，淘气的露齿笑，一个5英尺高、100磅重的顽童。”

从小，马云的功课就不好，初中毕业时想考个二流高中，结果连考两次都没考上，原因之一就是数学太差。马云的数学虽然极差，英语却奇好。

第一次参加高考，数学只得了1分。第二次高考，数学考了19分，仍然没有成功。第三次高考，数学虽然破天荒地考了79分（满分120分），但他的总分仍然属于专科线，离本科线还差5分。幸运的是，就在马云准备进杭州师范学院读专科时，该校的英语本科专业由于专升本时间不长，招生没有满额，于是，歪打正着，英语成绩最好的马云摇摇晃晃地被调配到了本科，算是捡了个大便宜。

1988年，马云大学毕业，被分配到杭州电子工业学院教外语，是他的同届同学中唯一分到大学任教的本科生。

1995年4月，马云以2000美元起家，创办“中国黄页”网站。1997年底，马云和他的团队在北京开发了外经贸部官方站点、网上中国商品交易市场等一系列国家级站点。1999年初，马云回到杭州以50万元人民币创业，开发为商家服务的阿里巴巴网站，任CEO。2003年7月，推出为消费者服务的淘宝网。2004年，推出网络交易支付工具“支付宝”。2005年8月11日，阿里巴巴（中国）网络技术有限公司宣布，收购雅虎中国公司全部资产，雅虎公司则宣布，出资10亿美元成为阿里巴巴公司的股东之一。

哈佛商学院两次把“阿里巴巴”选为案例研究。《福布斯》多次将“阿里巴巴”选为全球最佳B2B站点之一。2000年10月，美国亚洲商业协会评选马云为年度“商业领袖”。

针对当年的高考，马云说：“一个人要成功，首先要想好自己到底想要干什么，能够干什么，然后才能摆脱各种诱惑。一时的失败千万不要气馁，应该照着自己的理想一路走下去。成功是由很多因素造成的，你努力并不一定会成功，但是如果你不努力，就一定会失败。”

相信在每个同学心中，都有一个与高考有关的梦。或许，你的梦落点是天（天津）、南（南京）、海（上海）、北（北京）；又或许，是志在家乡；更或许，是遥远的大洋彼岸……这个梦，你规划又规划，憧憬又憧憬，最终目标，就是读一所理想的大学。

高考之于我们确实太重要！它承载着我们是否能去梦的远方，是否能继续高层次的学习，将来能否从事某个自己最喜欢的职业……

然而，上面的故事也告诉我们，高考，只是漫漫人生中的一段重要插曲，上大学是人生又一个新的开始，并不是我们人生成功的全部。顺利，最好！不顺利，还可以重来！我们并不吃亏，因为高中三年，你学到的知识谁也拿不走。金榜名校，很好！意味着我们可以感受悠久的历史文化传统及学习气氛，享受更好的设备，得到更多名师的指导。但普通大学，甚至专科学校，也不错！像马云一样，只要自己努力，同样会有骄人的成绩。

高考毕竟是选择性考试，有人落选也是不可避免的，这是我们必须清楚的一点。但这并不可怕，世上的路千万条，条条道路通罗马。像陈丹青和以学术通俗化著称的厦门大学教授易中天，都没有上过大学本科，但这并不影响他们成才。

人生的选择是多向性的。选择也是一种能力，你的能力越强，选择也就越多。事实上，我们对高考感到害怕、焦虑，是因为我们害怕考试失败，不愿面对失败。最根本的，是我们担心自己的选择不够多！

清楚了这些道理，我们的高中三年，一方面要充分把握时间，全力以赴地学习，打造自己的能力，奠定自己的选择基础。长缨在手，何惧苍龙难缚。另一方面，我们要有自己明确、具体的目标，选好主攻方向。要做一个生涯规划，明确自己擅长的、适合的，从人生发展的大视野上来规划自己的每一步——这非常重要！然后泰然、从容地经历我们的高考。时光飞逝，白驹过隙，不经意间，未来的瞬间转眼就会变成过去。不管高考如何，我们的梦始终会在前方牵引着我们。

哈佛大学有一个非常著名的关于目标对人生影响的跟踪调查。25年前哈佛对一群智力、学历、环境等条件都差不多的年轻人进行了调查，结果发现：27%的人没有目标；60%的人目标模糊；10%的人有比较清晰的短期目标；3%的人有十分清晰的长期目标。

25年后，哈佛再次对这群人进行了调查，结果十分有意思：

3%有清晰的长期目标的人，几乎都成了社会各界顶尖的成功人士，他们中不乏白手创业者、行业领袖、社会精英。

10%有比较清晰的短期目标的人，大都生活在社会的中上层，成为各行各业不可缺少的专业人士，如医生、律师、工程师、高级主管等。

60%目标模糊的人，几乎都生活在社会的中下层。他们能安稳地生活与工作，但都没有什么特别的成绩。

而那没有目标的27%的人，几乎都生活在社会的最底层，他们的生活都过得很不如意，常常失业，靠社会救济，抱怨社会，抱怨世界。

这个调查结果，对你是否有启发呢？

人生的道路丰富多彩，有殊途同归的，也有同路异果的；有波澜起伏的，也有一帆风顺的。人生中还有很多事情需要我们去做，高考的结果不是人生成败的标杆。即使同学们高考的结果不理想，也不等于说今后同学们人生成功的大门就关闭了，人生成功的衡量标准是多元化的。

人生成功与失败的多元取向

名人名家论成功

唐林（澳大利亚唐林律师事务所驻北京代表处首席代表）：

成功，不是积累财富，而是获得幸福。

山奇（CCTV“艺术人生”栏目策划人、CETV“艺术争鸣”栏目主持人）：

一时的成功可能更多地表现为名利的成功，而一生的成功应该是指人格的成功。做人成功了，一切就成功了。

方舟子（多家报刊的专栏作者。著有《方舟在线》、《进化新篇章》、《溃疡——直面中国学术腐败》等书）：

尽管每个人所具有的天赋、所受到的教育各不相同，但都可以拥有自己的理想，在社会中找到属于自己的位置，都能够成功。成功就是能过上自己想过的生活，同时对社会有所贡献。

心理学家的实验证明，所谓失败，其实只是自己的一种感觉，是在通往目标的过程中，由于自己的行动多次受阻而产生的绝望感，被称之为“习得性无助”。

前Google公司全球副总裁李开复博士认为，衡量成功最根本的标准是：是否对社会、对他人或对自己有益，是否能让一个人在自主选择的过程中，不断超越自己，并由此获得最大快乐。他的成功哲学的核心是：不要轻易走入一元化成功的误区，而应主动选择最适合自己的成功道路；成功就是不断超越自己，就是“成为最好的你自己”。多元化成功是让每一个人发挥自己的兴趣和特长，从而发掘出自己的全部潜力，同时也能让社会保持健康、和谐的状态，让社会成员体验到最大的幸福。

真正的成功有很多种，成功可能是你创造出了新的产品或技术，可能是你取得了突破性的科研或学术成果，可能是你的行为为他人带来了幸福，可能是你在工作岗位上得到了别人的信任，也可能是你找到了最能使自己满足和快乐的生活方式。当然，靠自己的努力取得令人羡慕的名望和财富也是一种应当被尊重和认可的成功。

每个人都有自己的特长和潜质，只要主动选择，都有成功的机会。片面追求成绩或名利、限定成功方向的做法是典型的一元化成功模型。一元化成功模型是危险的误区，这主要是因为，一元化的成功模型有两个极为明显的弊端：首先，一元化的成功会让许多人失去正确的奋斗方向；其次，一个崇尚一元化成功模型的社会一定是不完整、不均衡的，社会中绝大多数成员都很难体会到真正的快乐和幸福。

多元化成功才是真正的成功。在多元化成功模型的视角下，衡量成功的标准有很多种——可以是一个人的地位和财富，也可以是一个人的创造力和影响力，可以是一个人对他人的帮助或贡献，也可以是一个人在自身基础上的提高和超越……但无论对于哪一种类型的成功来说，最根本的标准或前提都应该是：该行为是否对社会、对他人或对自己有益，是否能让一个人在自主选择的过程中，不断超越自己，并由此获得最大的快乐。

活动

成功的你我他

目的要求

说明每个人都有可能成功，而且成功是多元化的。

方法步骤

请在下面的横线上写出3件你曾经做过的成功的事情和你认为其成功的理由，和大家一起分享。

	名称	其成功的理由
事件1：	________	________________
事件2：	________	________________
事件3：	________	________________

讨论

你是如何看待人生成败的？高考结果不理想就意味着你的人生失败了吗？

知识链接

人生成功的10条金律

1. 保持积极的心态。积极的心态包括诚恳、忠诚、正直、乐观、勇敢、奋发、创造、机智、亲切、友善、积极、向善、向上、进取、努力、愉快、自信、自勉和有安全感等。

2. 要有明确的目标。

3. 多走些路。做个主动的人，要勇于实践。

4. 正确的思考方法。

5. 高度的自制力。

6. 培养领导才能。

7. 建立自信心。

8. 迷人的个性。

9. 创新制胜。

10. 充满热忱。

曹晓洁——“史上最牛大专女生”

读什么样的大学决定你4年大学的生活，但不能决定你一辈子的生活。

曹晓洁，22岁，来自四川泸州农村，一个民办高校的大专毕业生，被各大网站网友称为“史上最牛大专女生”。

2006年9月，曾两次高考失利的曹晓洁被江西先锋软件学院录取，成为该校两年制专科生。

刚入学时，学院开办了主要由来自印度的外籍教授授课的印度特色班。由于在中学时代就打下了不错的英语功底，曹晓洁顺利成为该班唯一的女生，而且成为印度特色班和外教交流最多、配合最默契的人。

由于以前没接触过软件行业，初学时起步较困难，曹晓洁是班里的“笨”学生。勤能补拙，曹晓洁舍弃了许多兴趣爱好，把大量时间用在与课件、程序打交道上，她的专业成绩很快上升。

2007年6月，学院与IBM中国公司合作创办了服务外包人才实训基地。凭着一口流利的英语，曹晓洁再次以优异成绩从众多本科生、研究生中脱颖而出，通过了实训基地第二期学员招募的笔试和面试，进入该基地进行为期10个月的培训。这期间，她一直是实训基地英文外教翻译的不二人选，是基地MF01组的项目组长，在整个ETP项目实训中，起到了不可或缺的作用。

在实训基地进行培训的日子里，曹晓洁还刻苦学习日语，用最短的时间练出了一口流利、标准的日语口语。

2008年10月，专科毕业后，曹晓洁报读了自考本科。11月初，福富软件公司（FFCS）、印度INFOSYS公司和IBM三家跨国公司给IBM实训基地发来录用名单，曹晓洁成为唯一一位以专科生身份获得这三家跨国公司录用的学生。现在，经历了凤凰涅槃的曹晓洁，是IBM上海分公司的员工。

“作为女孩子，她优势并不多，家庭条件并不优越，长得也很普通。”江西先锋软件学院外包分院常务副院长张弓说，“是平时异常的刻苦努力成就了曹晓洁。”

“我最大的特点就是经得起考验，并对自己有信心。”曹晓洁说。

曹晓洁，以她超乎常人的勤奋和自信，赢得了老师和同学的尊重，也为其人生创造了机会。

她的故事足以让我们相信，以自己的方式、自己的努力完全可以实现梦想。

十

直面挫折　健康成长

周杰伦自小父母离异，在母亲的抚养下长大。

1996年高中毕业后没考上大学，在一家餐馆当服务生。

1997年参加一家电台的娱乐节目，结果演砸了。但其复杂工整的乐谱被音乐公司老板吴宗宪看中，邀他进公司做音乐助理。尽管一开始他很大一部分时间都是在帮同事买盒饭、打杂，但他依然坚持音乐创作。由于从小就打下了扎实的音乐根底，他很快就创作出大量的歌曲。但是，他那“怪怪”的音乐风格并不被当时的人们所喜欢。一次，老板甚至当面把他的乐谱扔进垃圾桶内……周杰伦并没有放弃，反而更加努力，他以每天一首歌的速度进行创作，连续7天，老板总能在一上班时就看到他的新作品。终于，老板被他的坚持和勤奋感动，答应找歌手演唱他创作的歌曲。

1998年2月，他创作了一首《眼泪知道》，被公司推荐给当时的天王巨星刘德华演唱，结果遭到拒绝。之后，他又精心创作了《双截棍》，推荐给当时火爆华语歌坛的张惠妹演唱，再次遭到拒绝。

一次次的挫折与失败，让周杰伦迷茫了……此时，老板吴宗宪也感到很失望，打算放弃周杰伦。于是他对周杰伦说：“我再给你10天时间，如果你能写出50首歌，而我能从中挑出10首的话，公司就帮你出唱片。”10天写50首歌，天知道这有多难，然而怀抱音乐梦想的周杰伦并没有放弃，再次燃起斗志，一头扎进音乐室，通宵达旦地创作。就这样，10天过去了，周杰伦真的拿出了50首歌，而且每首都写得漂漂亮亮、工工整整。

2001年初，周杰伦的第一张专辑《JAY》问世并立即轰动歌坛。在当年的华语流行音乐大评选中，《JAY》一举夺得华语流行音乐金曲奖的最佳流行音乐演唱专辑、最佳制作人和最佳作曲人三项大奖。

2001年12月，周杰伦的第二张专辑《范特西》横空出世，并再次风靡了整个华语歌坛。2002年初，在第八届全球华语音乐榜中榜评选活动中，周杰伦又一举获得2001年度“最受欢迎男歌手”奖。

从一名餐厅服务生到家喻户晓的当红小天王，周杰伦在接受美国《时代周刊》专访时说：“我之所以会有今天，就是我不服输的结果。”

人生像条河

“问题不是生活中你遭遇了什么，而是你如何对待它。”

流淌的河水，在进程中很难预料前面会遇上什么：也许是平川，也许是盘山，也许是礁石，也许是陡崖……可不管怎样，河总是继续流淌，“天下黄河九十九道弯”，“奔流到海不复回”。

人生就像一条河。当我们呱呱落地，然后牙牙学语，再跌跌撞撞地学习行走时，我们就慢慢开始了我们像河流一样的人生。我们不知道前面会是什么，但充满了好奇与期待。随着生活的展开，我们也开始逐渐体会到生活并不总是如我们所愿，了解到不尽如人意的事似乎不少。

犹如没有河流是一直到底，弯曲是河流的一种常态一样，困难、挫折也是我们人生道路的常态之一。生活中遇到不如意的事总是在所难免，关键是我们怎么去看待挫折，去面对挫折。

心理学认为挫折是一种情绪状态，是人在从事有目的的活动中，遇到干扰或阻碍，致使预定目标不能实现，与之相应的需要得不到满足时产生的一种心理紧张状态和情绪反应。

那么造成干扰、阻碍的事件是否就是让我们感到受打击、受挫的罪魁祸首呢？

仔细分析，我们会发现，挫折包含了这样三个方面的含义：挫折的情境（比如考试失利）、对挫折情境的看法（对考试失利的看法）和由看法引起的情绪感受（焦虑、紧张、愤怒等）。

从挫折的三层含义中，你也许已经看出了一些端倪：原来我们考试失利时的紧张、焦虑并不是考试失利这一结果带给我们的，我们对考试失利的看法才是让我们深感挫折的原因。

确实如此。真正引起挫折感及相应的消极后果的，不是挫折事件本身，而是我们对挫折的看法。比如有人因为考试不及格而离家出走，实际上考试不及格的人多着呢，并不是人人都会离家出走。也就是说，对挫折事件不恰当的认知评价，才是导致挫折感和消极后果的真正原因。事件导致看法、观念，最后才是行为后果。

挫折产生的原因有外部客观原因和内部主观原因。比如地震、洪水、交通事故、疾病、亲人去世、家庭变故等为外部原因，内部原因是指个人生理、心理主观上的原因，包括身高、相貌、健康状况、生理缺陷、性格、认知、需要、期望值等。总的说来，挫折的产生通常是两个原因综合作用的结果，但起决定作用的是个人主观因素。

玲玲是个高二的女孩，为人热情，经常热衷于为自己的同学庆祝生日，并送生日礼物给他们。特别是和同宿舍的几个室友，在一起无话不谈，是很好的知心朋友。

玲玲的生日是5月9日。这之前，她已经给几个室友过了生日，并且是变着法子地给室友惊喜。她想，她的室友们一定也给她准备了丰厚的生日礼物，并会给她一天的惊喜。

5月9日这天，从早起开始，玲玲就满怀着一种随时遭遇生日礼物和惊喜的心情。她随时准备着打开一份礼物，甚至在心里准备好了收到朋友礼物时表达惊喜和谢意的言辞。

但是，从早上到中午，没有一个朋友送她礼物，也没有人提起这天是她的生日。

又从中午到晚饭时间，其间仍然没有一个朋友送她礼物，大家仍然各自忙着自己的学习，仍然没有一个人提起她的生日。

玲玲开始感到一种强烈的不适。课听不进去，书看不进去，甚至饭也吃不下去了。但她渐渐想，也许她的好友们都暗自商量好了，到晚上给她一个大大的惊喜呢。

然而，晚上也在她焦急的等待中很快过去了。晚自习过后，她先在校园里转了一圈，才怀着忐忑的心情，抱着最后一线希望回到宿舍。宿舍里，她的室友们洗衣服的洗衣服，吃零食的吃零食，有的甚至已经呼呼大睡。

玲玲再也控制不住自己的情绪，跑出宿舍，跑到一个无人的角落，委屈已久的泪水夺眶而出……

玲玲的故事你是否似曾相识？

我们的许多挫折感都来自日常学习和交往的不如意，若这些不如意日渐累积，会让我们不堪重负。

河流遇到阻碍需要弯一弯，当我们与挫折照面时常常也需要“弯一弯”，只要最终保持我们前进的方向就可以了。

挫折是个“双面人”，一个面向会带你走向积极，另一个面向是带你走向消极。你希望它转身朝哪面走，选择全在你。

长大去打NBA，这是所有爱打篮球的美国少年最向往的梦。“我长大后要去打NBA。”当年幼的博格斯（Bogues）向他的同伴说出这句话时，同伴无不捧腹大笑，甚至有一个笑得跌倒在地。博格斯长得太小了，他在同伴中是最矮小的一个。博格斯的个头只有160厘米，这样的身高即使在东方人里也是比较矮的，更不用说是在两米都嫌矮的NBA篮球队了。

博格斯没有因为同伴的嘲笑而放弃努力。相反，他热爱篮球，下定了决心要打NBA。他天天和同伴奔跑在篮球场上。其他人回家了，他还在练球；夏日里，别的孩子都去享受凉爽了，他依然在篮球场上挥汗如雨。他在篮球场上花了比别人多几倍的时间。

他深知像他这样的身高，要想进入NBA篮球队必须要有过人之处。他充分利用自己矮小的优势——行动灵活迅速，像一颗子弹一样；运球的重心低，不易失误；个子小不引人注意，抄球常常得手。

终于，他成功了。在NBA篮球队中，博格斯是夏洛特黄蜂队中表现最杰出、失误最少的后卫之一。他不仅控球一流，远投精准，甚至在高人阵中带球上篮也毫无所惧。他像一只小黄蜂一样，满场飞奔。

博格斯不仅是现在NBA篮球队里最矮的球员，也是NBA篮球队有史以来创纪录的矮子。他把别人眼中的不可能变成了现实。

人生百年，逆境十之八九。挫折有的大，有的小，有的轻微，有的严重。当我们学会从容、恰当地认知挫折，其实我们就已经聚积了应对挫折的力量。

阳光总在风雨后

草地上有一个蛹，被一个小孩发现并带回了家。过了几天，蛹上出现了一道小裂缝，里面的蝴蝶挣扎了好长时间，身子似乎被卡住了，一直出不来。天真的小孩看到蛹中的蝴蝶痛苦挣扎的样子，十分不忍，于是就拿起小剪刀把蛹剪开，帮助蝴蝶脱蛹而出……

相信你已猜到了故事的结尾：蝴蝶过早死去。

蝴蝶的成长必须在蛹中经过痛苦的挣扎，直到它的翅膀强壮，才会破蛹而出。否则，身躯臃肿、翅膀干瘪的它很快就会被环境所吞噬。

虫之为茧，是为了化蛹成蝶的美丽。不经过必然的蜕变之痛，又何来美丽的双翅，绚烂的舞姿？

成长，就是一次一次这样的蜕变积累，我们的人生也由此逐渐丰富。

成长之中，我们甚至无法计数经历的挫折。有些挫折或许不是人生必须的历程，但如若遇上了，我们就要把它当做一个历练自己的机会，去积极地应对。

我们无法控制这个世界所发生的事，但绝对可以控制自己处事的态度。积极的心态是照亮我们人生之路的明媚阳光。

很小的时候，考入剑桥就是我的理想，为了这个理想，我倾注了自己的全部心血，我所付出的巨大努力使我坚信在剑桥定有我的一席之地，根本不可能发生意外。然而巨大的失望出现了。得知我没有被剑桥录取的消息，我觉得整个世界都粉碎了，觉得再没有什么值得我活下去。我开始忽视我的朋友，我的前程，我抛弃了一切，既冷淡又怨恨。我决定远离家乡，把自己永远藏在眼泪和悔恨中。

就在我清理自己物品的时候，突然看到一封早已被遗忘的信——已故父亲给我的一封信。信中有这样一段话："不论活在哪里，不论境况如何，都要永远笑对生活，要像一个男子汉，承受一切可能的失败和打击。"

我将这段话看了一遍又一遍，觉得父亲就在我身边，正在和我说话。他好像在对我说："撑下去，不论发生什么事，向它们淡淡的一笑，继续过下去。"

于是，我决定从头再来。我坦然面对失败，并从中汲取营养。我一再对自己说："事情到了这个地步，我没有能力改变它，不过只要心存希望，我就会有美好的生活。"现在，我每天的生活都充满了快乐，尽管没有进入剑桥，尽管我又重遇了若干次失败。我已经明白：笑对失败才是对失败最大的报复，而一味的哭泣只会让失败愈加嚣张。今天，这种积极的心态已经给我带来了巨大的成功。

这是曾在互联网上广为流传的一封信，写信的人是住在英国南特郡的凯恩斯。

凯恩斯让我们了解到怎样去面对失败会更好，同时，也给我们一个隐含的信息：做事其实只有两种结果，要么得到成功，要么在其中得到学习。

人生历程中，事情如我们所期望，很好；事情不如我们所愿，我们则在其中得到学习，积累更多经验。

在苍茫的大海上，狂风卷集着乌云。在乌云和大海之间，海燕像黑色的闪电，在高傲地飞翔。

……

乌云越来越暗，越来越低，向海面直压下来，而波浪一边歌唱，一边冲向高空，去迎接那雷声。

雷声轰响。波浪在愤怒的飞沫中呼叫，跟狂风争鸣。看吧，狂风紧紧抱起一层层巨浪，恶狠狠地把它们甩到悬崖上，把这些大块的翡翠摔成尘雾和碎末。

海燕叫喊着，飞翔着，像黑色的闪电，箭一般地穿过乌云，翅膀掠起波浪的飞沫。

看吧，它飞舞着，像个精灵，——高傲的、黑色的暴风雨的精灵，——它在大笑，它又在号叫……它笑那些乌云，它因为欢乐而号叫！

这个敏感的精灵，——它从雷声的震怒里，早就听出了困乏，它深信，乌云遮不住太阳的，——是的，遮不住的！

——高尔基《海燕》

是的，我们的人生也有可能会遇上这样巨大的暴风雨，我们也一样必须去经历，并且要尽可能做得如海燕一样：自信、勇敢、机灵。而且暴风雨之后，我们也一定会像海燕一样，飞得更高更远。

老子说，“胜人者力，自胜者强”。没有人会喜欢挫折、磨难，但从挫折、磨难中走过来的人，他们的生命韧性总更强，取得的成功也总更多。

中国改革开放的总工程师邓小平，一生之中，三次被打倒，又三次复出，而且一次比一次更加引人注目，一次比一次走向更大成功。能够成为“打不倒的一代伟人”，除了他有雄才大略外，更重要的是他拥有坚定乐观的生活态度。

美丽的彩虹总在风雨之后，获得人生的成功也免不了经历挫折。

“我有一双隐形的翅膀”

面对，才能接受；接受，才能放下；放下，才能更好地转身面向未来。

能以“面对—接受—放下—转身面向未来”的态度应对挫折，彰显的是人生的一种大智慧，也是你我的隐形翅膀。

1. 学会接受

任何东西，都只有先接受，才能放下。

当挫折来临，学会了以接受的态度去面对，你会发现自己更有力量。在心理意义上，接受，就是允许事情发生。因为对于已发生的事情，我们再怎么对抗、否认、不允许，也不可能改变事情已发生的事实。接受挫折，就是接受挫折的情境，并从中找出哪些是你可以改变的，然后立即行动；接受自己所有的情绪感受，允许自己去感受或表达自己的情绪感觉。感觉永远是你自己的，没有该与不该。消极的情绪只有被你正视，才有可能缓解或释放。

2. 把焦点放在“解决”上，而不是“问题”上

面对挫折，学会只问“如何”而不问“为何、为什么”，这样你就把焦点放在了指向未来的“解决”上面，为你走出挫折打开了出口。

“我为什么会发生这样的事？”、“我为什么这么倒霉？”、“为何是我？！”这些都是问题式思维，在这种埋怨的思维框架下，你只看到自己做了什么，没看见什么没有做。由于焦点集中在问题上，人陷在问题的泥淖中，只会让你越来越无力、疲惫。这是一种自困的模式。

“我如何解决这个问题？”这样的结果式思维，焦点在“解决”，会让你知道“要的是什么，还有什么没做”，可使你在同样的事情中保持一份正面的心态和力量，去进行突破。这是自拔的模式。

3. 学会转换自己的注意力

在谈“转换注意力”这一点之前，让我们先做个小实验：

请用几秒钟的时间，注意并记住周围的空间里有哪些物件是红色的，然后闭上眼睛，回想一下周围有哪些东西是蓝色的。

睁开眼睛。

你答出来了吗？通常，你答不出来。

是不是感到有些惊讶？

这叫“注意力等于事实”，你注意到什么就得到什么。

然而在现实生活中，我们很多人在遇到挫折、困难时却把绝大部分的注意力放在自己不想要的事物上，只有很少的精力放在想要的方面。

学会转换自己的注意力，一方面，是懂得把自己的注意力专注在自己想要的方面，注意自己想要的而不是不想要的；另一方面，是懂得把注意力放在自己能控制的事物上，比如你对事情的反应、自己的态度。

假若，你原来可以做10000种事情，可是由于遭受了挫折，致使你现在只剩下9000种能做的事。那么，请你学会把注意力放在剩下的9000种事上面，并且专注于你马上可以开始做的那一种及想要的结果，而不是花大半甚至所有的时间去惋惜失去的1000种。

4. 懂得自己的快乐幸福由自己负责

生活中，有一种比较普遍的心理模式：把自己快乐、幸福的控制权托付给别人，我们称之为“托付心态”。比如：“我的家人从来不这样对我，所以你也不能这样对我。”、“你是我的好朋友，所以你要为我的快乐开心负责。”、“没有你我活不下去，只有你才能带给我幸福。”这种心理模式，要求别人必须奉行一些行为模式，时时关心、体谅他（她）的心情，不然他（她）就不快乐、不幸福。

把自己快乐、幸福的控制权交给别人掌管，让别人来负责自己的快乐、幸福，无疑会常常产生挫折感，因为别人会怎样做是自己无法操控的。

每个人都必须要自己照顾自己的人生。每个人内心的快乐、幸福感只能依靠自己去找到。

5. 目标期望适度

也许你曾有过这样的经历，路过果园，树上红彤彤的苹果，让你兴奋地跃跃欲试。你最感兴趣的是哪一个苹果呢？当然，不是高高在树梢上的，也不是树桠上你顺手就可牵羊的。你猛跳起来手指尖刚刚触碰得到的那一个又大又红的苹果，才对你充满了刺激与诱惑，让你一再尝试着去摘取。

这就是恰当目标期望的魅力和吸引力，给你挑战，也给你希望，只要更用力一点你就可以得到。

如若目标高挂于树梢，远远超过你能力的范围，我们一跳再跳还是触碰不到，挫折感往往也慢慢滋生，追求的意愿会慢慢削减。挫折，有时实在是自己制造出来的。

与自己的能力匹配的目标期望，会给我们更多体验成功的机会。

6. 学会求助

当挫折超出了你能力的应对范围，要懂得启动你的社会支持系统，学会寻求帮助。

活动

两种思维模式的体验

目的要求

体验结果式思维模式与问题式思维模式的不同，学会把焦点放在“解决”上，关注成果和行动，以解决的框架思考问题。

教师将学生按5人一组分组，每组组长、记录员、发言人各1人。教师事先将问题写在纸上。

方法步骤

1．想一件最近让你深感挫折或困扰的事。

2．想着那件事，逐一回答下面的问题。答完问题后，将自己的感受写下来。

什么地方出现了问题？

为什么我会有这个问题？

这个问题出现多久了？

这个问题让我哪个方面受困扰？

因为这个问题，哪些我想做的事都做不了？

是谁导致我有这个问题？

这个问题什么时候让我感觉最困扰和难过？

3．再想着那件事，逐一回答下面的问题。答完问题后，将自己的感受写下来。

我该怎样解决这件事？

最快可以在什么时候解决？

我凭什么可以知道事情已经解决？

当这件事解决后，我人生的哪些事情也会得到更好的处理？

我拥有哪些能力将会对这件事有帮助？

什么人、什么事能帮助我解决这件事？

我可以开始做些什么，好使这件事早日有所解决？

讨论

1. 回答以上两组问题时，你的感受分别是什么？有什么不同？
2. 你认为哪种思维方式比较好？为什么？
3. 你认为应对挫折最重要的是什么？

自己的幸福快乐自己负责

目的要求

了解每个人的快乐幸福由自己照顾，不可托付于他人。开始前先将学生分为5人一组，并确定组长、记录员和发言人。

方法步骤

1. 翻回课本，看玲玲的故事。
2. 设想玲玲会怎样处理生日事件，小组讨论后将故事补充完整。

讨论

1. 分享各小组的“故事续编”，并各自说明这样续写的原因。
2. 这个故事给了你哪些启示？你有何感想？

知识链接

身残志坚的精彩人生

“我的人生中只有两条路，要么赶紧死，要么精彩地活着。”这是23岁的无臂钢琴师刘伟的励志名言，这个小伙子的独特经历和强大的内心世界让很多人记住了他的名字。

刘伟出生在北京普通人家，10岁时因一场可怕的事故而被截去双臂。12岁的他在康复医院的水疗池学会了游泳，两年后在全国残疾人游泳锦标赛上夺得两枚金牌；16岁他学习打字；19岁学习钢琴，一年后就达到相当于用手弹钢琴的专业7级水平；22岁挑战吉尼斯世界纪录，一分钟打出了233个字母，成为世界用脚打字最快的人；23岁他登上了维也纳金色大厅舞台，让世界见证了中国男孩的奇迹。

当袖管两空的刘伟走上舞台时，所有人都知道他要表演什么，但没人能想象他究竟要怎样用双脚弹奏钢琴。而当他坐到特制的琴凳上之后，优美的旋律从他脚下流出，十个脚趾在琴键上灵活地跳跃着，全场陷入了一片安静。在刘伟表演结束之后，所有观众都起身鼓掌。

刘伟的身后，站立着他的伟大的母亲。一个普普通通的家庭妇女，识字不多，但是懂得一个最基本的道理：这个世界没有什么可以依赖，除了他自己。刘伟没有让母亲失望。

最近，刘伟的自述《活着已值得庆祝》出版。根据他的真实故事创作、由他和倪萍主演的电影《最长的拥抱》已经杀青，倪萍说："我要买十本送给那些有胳膊的人看。"

2011年，刘伟被评为感动中国年度人物。

感动中国推选委员易中天这样评价刘伟：无臂钢琴师刘伟告诉我们：音乐首先是用心灵来演奏的。有美丽的心灵，就有美丽的世界。

推选委员陆小华说：脚下风景无限，心中音乐如梦。刘伟，用事实告诉人们，努力就有可能。今天的中国，还有什么励志故事能赶上刘伟的钢琴声。

2011年度感动中国人物评选组委会评选授予刘伟的颁奖词：

当命运的绳索无情地缚住双臂，当别人的目光叹息生命的悲哀，他依然固执的为梦想插上翅膀，用双脚在琴键上写下：相信自己。那变幻的旋律，正是他努力飞翔的轨迹。

十一

学会求助 善寻支持

有一天，素有森林之王之称的狮子，来到了天神面前："我很感谢你赐给我如此雄壮威武的体格，如此强大无比的力气，让我有足够的能力统治这整座森林。"天神听了，微笑着问："但是这不是你今天来找我的目的吧！看起来你似乎为了某事而困扰呢！"

狮子轻轻吼了一声，说："天神真是了解我啊！我今天来的确是有事相求。因为尽管我的能力很强，但是每天鸡鸣的时候，我总是会被鸡鸣声吓醒。神啊！祈求你，再赐给我一点力量，让我不再被鸡鸣声吓醒吧！"天神笑道："你去找大象吧，它会给你一个满意的答复的。"

狮子兴冲冲地跑到湖边找大象，还没见到大象，就听到大象跺脚所发出的"砰砰"响声。

狮子加速地跑向大象，却看到大象正气呼呼地直跺脚。

狮子问大象："你干吗发这么大的脾气？"

大象拼命摇晃着大耳朵，吼着："有只讨厌的小蚊子，总想钻进我的耳朵里，害得我都快痒死了。"

狮子离开了大象，心里暗自想着："原来体型这么巨大的大象，还会怕那么瘦小的蚊子，那我还有什么好抱怨的呢？毕竟鸡鸣也不过一天一次，而蚊子却是无时无刻不在骚扰着大象。这样想来，我可比他幸运多了。"

这个世界上，不论是谁，都可能会碰到困扰自己的事。重要的是在困境里，我们怎么做。

每个人必须自己照顾自己的人生！同时这并不排除有的时候我们也需要他人的帮助。通过他人的帮助、支持，我们可获得更多的资源或看到事情更多的可能性，从而把事情处理得更加完满。善于求助是一种能力，坦然接受他人帮助更是一种自信，这种自信是相信自己有能力回报他人并坚信自己值得帮助。

困境，只是暂时没有找到出口。任何时候，总有路可走。

每个人都处在强大的支持系统中

青春犹如清晨阳光里含苞欲放的玫瑰，充满活力、憧憬与热情。青春有时候也会使人感觉有些孤独无助，有些"前不见古人，后不见来者。念天地之悠悠，独怆然而涕下"的滋味。当你行走在这种如夜般的孤独荒原时，不妨抬头看看，你的天空里其实星光闪烁，你会发现在每一颗星星的周围都有很多的星星。这璀璨的星空中，有一颗一定是你，也一定有一颗是为你而亮。

我们的社会支持系统就是这样的一个星空。我们犹如这星空中的一颗星星，在我们的周围有很多人和我们在一起，或近或远，共同组成我们的社会支持系统。也就是说，在我们需要帮助的时候，只要愿意，我们都可以寻求到支持的力量。这些支持的力量包括：

（1）家人：我们最基本、最重要的社会支持源泉；

（2）同学、朋友、老师、邻居、亲戚等；

（3）社会专业服务机构：如政府救助站、医院、律师事务所、派出所、心理诊所、心理热线等。

荀子说："假舆马者，非利足也，而致千里；假舟楫者，非能水也，而绝江河。君子生非异也，善假于物也。"当面临困境，积极寻求并善于寻求社会支持系统帮助，是生活的智慧之一。就像一些花儿借助蜂、蝶、风等传播花粉，才得以一代代万紫千红，灿然绽放。

人生的路途是一个变数。有的时候，我们可能会一时找不到家门的钥匙；也有的时候，可能事情会暂时超出我们当时的能力范围。

因此，在这里有几个建议与大家分享：

当遇到挫折时，请学会求助。

当感到心理失衡，请学会求助。

当感觉学业有压力，请学会求助。

当遇到来自同伴的不正当压力（如性、吸毒），请学会求助。

当面临性方面的苦恼（如怀孕），请学会求助。

当遭到性骚扰、家庭伤害，请学会求助。

……

当任何你觉得无助的时候，请想起央视二套的"开心辞典"栏目，想起主持人王小丫的经典笑容和手势：你有三条求助热线可用……你也一样，不管怎样的困境，你最少也有三个求助的途径。

清楚地表达自己的求助愿望

求助是一门艺术。求助实际是发出一个信号，给他人帮助自己的机会。在求助的时候，清楚地表达自己的求助愿望非常重要。

求助要注意下列问题：

（1）求助前先将问题优先排序，确定什么对你最为重要，你先要解决的是什么。

（2）求助的问题要简短明确，最好用一句话（15～20个字）表达。

（3）求助是找拐棍而非依赖，有时可比喻为去图书馆查阅资料，找到资料还得自己去应用。

（4）求助要自信、自尊并尊重对方，态度诚恳。

（5）遇到重大意外事故，要保持冷静，求助的方式、方法要以保存自己的体力为先。

相信生活站在自己这一边

一场突然而至的沙暴，让一位独自穿行大漠的旅者迷失了方向，更可怕的是装干粮和水的背包都不见了。翻遍所有的衣袋，他只找到一个泛青的苹果。“哦，我还有一个苹果。”他惊喜地喊道。他攥着那个苹果，深一脚浅一脚地在大漠里寻找着出路。整整一个昼夜过去了，他仍未走出空旷的大漠，饥饿、干渴、疲惫却一起涌了上来，望着茫茫无垠的沙海，有好几次他都觉得自己快要支撑不住了，可是看一眼手里的苹果，他抿抿干裂的嘴唇，陡然又增添了许多力量。顶着炎炎烈日，他又继续艰难地跋涉着。已经数不清摔了多少跟头了，只是每一次他都挣扎着爬起来，踉跄着一点点地往前挪，他心中不停地默念着：“我还有一个苹果，我还有一个苹果……”三天以后，他终于走出了大漠。那个他始终未曾咬过一口的青苹果，已干瘪得不成样子，但他紧紧地攥在手中，久久地凝视着……

同样的半杯水，有人可能惊喜还有半杯水可喝，有人可能悲叹怎么才有半杯水了。两种不同的看法，结果可能是两种完全不同的人生。当我们面临困境，不管是自助还是他助，我们都要保有积极的信念和思维方式，相信生活始终站在自己这一边。没有什么力量比得过内心强大、坚定的信念，那是一种由内而外的沉静与自信。

任何事情，至少有三种以上的解决方法。当你感觉到没办法时，那只是说明你之前用的方法没有效果，有效的方法暂时还没找到。总有一种方法是你未知、未想到的。当找到了一种解决的方法，那么另外两种方法离你大概也不远了。

心怀希望与自信，你的心田上就常有阳光在照耀，让心花怒放。

因此，在任何时候，你都要攥紧自己的那个青苹果——对生活坚定的信念。力量在我们自己的手中。

善于建构你的社会资本

“一桥飞架南北，天堑变通途。”

我们都曾从桥上走过，我们都清楚地知道桥的作用。而你的社会资本便类似于桥，可帮助你渡过人生中一条条宽阔的河流。

社会资本是指通过个人的社会网络带来的摄取稀缺资源的能力。个人的社会网络指的是个人拥有的社会关系，稀缺资源包括机会、信息、学识、资金、财富、地位、权力等。社会资本主要表现为良好、普遍的人与人之间的关系，是信息渠道和信息来源，有助于个人或团体获得资源、掌握信息，从而实现特定目标。因此，社会资本是影响我们个人行动能力及生活质量的重要资源。

建立个人良好的社会资本，可以在你需要帮助的时候快速、及时地获得信息、资源支持。社会资本的建立，好似是一本零存整取的存折，或者说是一笔稳定的基金。它需要不断地投资，才能在关键时刻给你支援。而期望一投入立刻有高额回报的投机做法，往往是不成功的。

1. 建立诚信的形象

诚信是一种重要的社会资本，在日常交往中要以诚信为本。

2. 善于沟通，保持适量社交半径

研究发现，社交半径的规模与社会资本拥有量呈现正相关关系，也就是说，社交半径规模越大的人，所储存的社会资本量也就越大，反之亦然。但过多过滥的“点头之交”却可能造成你的人际负担。只有保持在一定程度上的社会交往，才能获得最佳沟通效果。如果你想获得愉快、舒服的交流及更多的信息与机会，那么请在平时保持拥有50～60个亲朋好友。

3. 珍惜拥有的情谊

每个人都拥有自己的社会关系，亲戚朋友、老师、同学，还有同学的同学、朋友的朋友……平时要注意与他们的交往，并注重交往的方式与质量。记得常常联系，有时一份恰到好处的问候和祝福会延续你们之间的关系。

4. 积极参与集体活动

在时间允许的情况下，多参加学校团体活动或社会公益活动，扩大人际交往范围，增强自己的社会资本。我们的社会资本除了由血缘、亲缘、熟人组成的强关系，还有弱关系。在有的时候，对我们有帮助的，往往不是关系非常密切的人，而是相对有一定距离的弱关系，因为这些弱关系能给我们补充平常得不到的信息资源。

5. 乐于与别人分享

无论是信息还是资源，都要乐于与人分享。

在美国有一位农场主，由于他的勤奋与智慧，使得他所种植的农作物每一年都能获得当地农会竞赛的最高荣誉“蓝带奖”，而得奖后他也一定将他获奖的最佳品

种分送给他的邻居们。大家都觉得奇怪，难道他不怕别人得到他得奖的品种，而在下一次的比赛中胜过他？对此，他微笑着答道：“我无法避免因风吹而使邻居的花粉飘到我的田里。倘若我不将好的种子分给每个邻人，那么飘过来的花粉不好，也必然会使我的田地产出不好的品种，唯有在我周围的品种都是好的，才能保证我的田里产出最好的品种。而我在得奖之后，不会就此松懈偷懒，坐享其成，仍会继续努力研究改良，当别人赶上我去年的水准时，我早已又往前迈了一大步，因此我能连续不断地获得最高荣誉。所以我从来不担心别人超越我，相反，若有人超越我，将带给我精益求精的动力，让我追求更大的进步空间。”

6. 乐于助人，懂得感恩

生活中充满着许许多多的因缘，每一个因缘都可能将自己推向另一个高峰。

1929年一个风雨交加的夜晚，一对老夫妇疲惫地走进美国费城的一家旅馆，想住宿一晚，躲过风雨。然而当时旅馆已经客满，无房接待老夫妇了。看到两位无助的老人，服务生把自己的值班房间让给了他们，自己却在办公室度过了一个不眠之夜。

第二天老先生前去结账时，柜台里仍是昨晚当班的服务生，服务生亲切地表示：“昨天您住的房间并不是饭店的客房，所以我们不会收您的钱，也希望您与夫人昨晚睡得安稳！”告别时，老先生对那名服务生说：“你可以成为掌管全美最好酒店的经理人。”

两年过去了。当服务生快把这件事情淡忘了的时候，他收到了一封信。信中附了一张去纽约的往返机票，原来那两位老人邀请他去纽约看望他们。

会面后，老人带着服务生来到纽约顶级商铺聚集的第五大道，指向一栋宏伟的新建筑说：“那是我刚建成的酒店，你就是酒店的总经理。”

老人的名字叫威廉·华尔道夫·阿斯特，那栋雄伟的建筑就是以接待各国政要名流而至今名传全球的华尔道夫大酒店。这家酒店的第一任总经理就是那名年轻的服务生，他的名字叫乔治·波特。

乐于助人，别人才乐于助你。懂得感恩，别人才会觉得与你交往是值得的。

活动

体味自己的社会资本

目的要求

事先准备好纸、彩笔；通过本次活动，要清楚地知道在自己的周围有很多的支持资源。

方法步骤

1. 请列出你所有亲朋好友的名单。

2. 请在你认为当你遭遇困境时能给你帮助的朋友的名字上画星号。

3. 仔细审视画上了星号的名字，看看你现有的社会资本有什么特点，哪些方面需要补充或改善。

讨论

1. 怎样才能扩大自己的社会资本？

2. 你对自己现有的社会资本最满意的是什么？是不是你所有的社会资本都会给你正确的建议和帮助？

3. 本次活动带给你什么感受？

卢希的求助

一天晚上，17岁的少女卢希在与网友的约会中被三个陌生男子劫持了。他们把她逼上了一辆出租车，并要求司机把车开到偏僻的郊外。情况万分危急，她该怎样求助？

讨论

1. 你认为卢希有哪几种求助方式？如果你是她，你怎么办？

2. 你怎样看待求助？你有没有过求助的经历？你当时是怎样求助的？

3. 对你来说求助最容易做到的是什么？比较有挑战的是什么？

知识链接

野外生存的意外事故急救

被毒蛇咬伤，患者会出现出血、局部红肿和疼痛等症状，严重时几小时内就会死亡。这时要迅速用布条、手帕、领带等将伤口上部扎紧，以防止蛇毒扩散，然后用消过毒的刀在伤口处划开一个1厘米长、0.5厘米左右深的口子，用嘴将毒液吸出。如口腔黏膜没有损伤，不必担心中毒，因为消化液对少量毒液可起到中和作用。

被昆虫叮咬或蜇伤时，用冰或凉水冷敷后，在伤口处涂抹氨水。如果被蜜蜂蜇了，用镊子等将刺拔出后再涂抹氨水或牛奶。

骨折或脱臼时，用夹板固定后再用冷水敷。从大树或岩石上摔下来伤到脊椎时，将患者放在平坦而坚固的担架上固定，不让其身子晃动，然后送往医院。

在野外备餐时如被刀等利器割伤，可用净水冲洗，然后用毛巾等包住。轻微出血可采用压迫止血法，一小时过后每隔10分钟左右松开一下，以保障血液循环。

吃了腐败变质的食物，除会腹痛、腹泻外，有时还会伴有发烧和衰弱等症状，应多喝些饮料或盐水，也可采取催吐的方法将食物吐出来。

野外生存的求救信号

在野外，生存环境非常恶劣，各种灾难会不期而至。对野外生存者来说，及时了解自己所面临的困境，通知他人，求得救援，是非常重要的。发出的求救信号要足以引起人们的注意。

点燃火堆：

火光作为联络信号是非常有效的。白天可以在火堆上放些苔藓、青嫩树枝、橡皮等使之产生浓烟；晚上可放些干柴，使火烧旺，使火焰升高。燃放三堆火焰是国际通行的求救信号。火堆应摆成三角形，每堆之间的间隔相等最为理想。

声音求救：

这适合在不很远的距离内使用。可大声呼喊，三声短三声长，再三声短，间隔

1分钟之后再重复；也可借助其他物品发出相同节奏的声响，如用斧子、木棍敲打树木等。

运用反光：

利用阳光和一个反光镜即可射出信号光。任何明亮的材料都可加以利用，如罐头盒盖、玻璃、一片金属薄片，有面镜子当然更加理想。持续反光时，至少应掌握SOS代码。如果有飞机靠近，就快速反射出信号光。这种光线或许会使营救人员目眩，所以一旦确定自己已被发现，应立即停止反射光线。

地面标志：

在比较开阔的地面，如草地、海滩、雪地上可以制作地面标志。如把青草割成一定标志，或在雪地上踩出一定标志，也可以用树枝、海草等拼成一定标志，与空中救援力量取得联络。还可以使用国际民航统一规定的地空联络符号：SOS（求救）；SEND（送出）；DOCTOR（医生）；HELP（帮助）；INJURY（受伤）；TRAPPED（发射）；LOST（迷失）；WATER（水）。

留下信息：

当离开危险地时，要留下一些信号物，以备让救援人员发现。地面信号物使营救者能了解你的位置或过去的位置，方向指示标有助于他们寻找你的行动路径。方向指示标包括：将岩石或碎石片摆成箭头形；将棍棒支撑在树杈间，顶部指着行动的方向；在草叶的中上部系上结，使其顶端弯曲指示行动方向；在地上放置一根分杈的树枝，用分杈点指向行动方向；用小石块垒成一个大石堆，在边上再放一小石块指向行动方向；用一个深刻于树干的箭头形凹槽表示行动方向；两根交叉的木棒或石头意味着此路不通；用三块岩石、木棒传达的信号含义明显，表示危险或紧急。

十二

学会合作　协作增效

有人与上帝讨论天堂和地狱的问题。上帝对他说："来吧！我让你看看什么是地狱。"

他们走进一个房间。一群人围着一大锅滚烫的肉汤，但每个人看上去都一脸饿相，面黄肌瘦，形容枯槁。尽管他们每个人都有一只可以伸到锅里的汤勺，但汤勺的柄比他们的手臂还长，自己没有办法把汤送进自己嘴里。有肉汤可喝不到肚里，只能无可奈何望"汤"兴叹，每天都很痛苦。

"来吧！我再让你看看天堂。"上帝把这个人领到另一个房间。这里的一切和刚才那个房间没什么不同，一锅汤、一群人、一样的长柄汤勺，但大家都红光满面，身宽体胖，正在其乐融融地歌唱着幸福。

"为什么？"这个人不解地问，"为什么地狱的人喝不到肉汤，而天堂的人却能喝到？"

上帝微笑着说："很简单，在这儿，他们都会喂别人。"

生活中，学会积极地与人合作，会获取更快乐、成功的生存空间。

恰如我们所知道的，团结就是力量。

那么，我们如何做到善于与人合作呢？

尊重、接纳他人

没有两个人完全一样，包括看法、想法、对待事物的方式等。与人合作，首先我们要学会尊重他人、接纳他人的差异。

尊重他人，就是尊敬、重视他人，真心地认为每一个人都是重要的，并使对方感到自己重要。

有一群身上长满尖刺的豪猪，挤在一起取暖过冬。它们总是不知道大家应该保持一种什么样的距离才最好。离得稍微远些，互相借不着热气，于是就往一起凑凑；一旦凑近了，尖利的刺就会扎着彼此身体，就又开始疏离；离得远了，大家又觉得寒冷……经过很多次磨合以后，豪猪们才终于找到了一个最恰当的距离，那就是在彼此不伤害的前提下，保持着群体的温暖。

能保持群体温暖的距离便是我们每一个人自己的界限尺度，在这个尺度内我们坚持自己，在这个尺度外我们包容他人。尊重界限尺度，尊重人格独立，保留恰当距离便是你对他人的尊敬与重视。

接纳他人，基本的含义是不带评断地接受他人的本来面目，哪怕其中有令人不愉快之处。但接纳他人并不意味着完全赞同他人的意见或是放弃我们自己的原则。

使人感到被尊重、被接纳的方法有很多，最主要的做法有以下四条。

1. 用心倾听对方

倾听的SOLER模式：S表示坐姿或站姿要面对别人，O表示姿势要自然开放，L表示身体微微前倾，E表示目光接触，R表示放松。

用SOLER模式倾听，表达出来的含义就是：我很尊重你，对你很有兴趣，我内心是接纳你的。

另外，在对方讲话时，无论对方的观点与你多么的不同，在对方讲完之前一般不可随意打断对方。

2. 尊重对方的感受

每个人的感受都是自己最切身的体会，而且由于每个人的成长环境、经历不尽相同，对同一事物的感受也会不尽相同，我们不可以断然地否定别人的感受或对别人的感受妄加评判。

3. 尊重对方的观点

没有两个人是一样的，不管是体貌、想法、观点还是风格。所以，我们可以不赞同他人的观点，但我们须明白每个人都有表达自己观点的权利。

4. 尊重他人的界限

我们每个人的生命、心灵、身体都有自己的界限，我们要清楚自己的界限，也要尊重他人的界限。这就像你去做客，当主人只允许你进入到院子里时，你不可以擅自去到主人的客厅。

学会协商

“天时不如地利，地利不如人和。”在团队合作中，只有学会协商，才能更好地配合协作，真正实现“我好、你好、大家（团队）好”的三赢。

1. 沟通的技巧

（1）运用“三明治”法。

当别人的观点与你不同时，你可以这样表述你的想法与观点：“我感谢你的意见，同时……”、“我尊重你的观点，同时……”、“我同意你的看法，同时……”把你的观点放在“同时”的后面，让对方感到被肯定，例如：“对于这件事，我十分尊重你的看法，同时也相信你愿意站在我的立场听听我的看法……”减少使用或不用“……但是……”句式，因为这种先肯定后否定的句式在交流中通常带有很强的破坏力。

（2）学会恰当地提问。

提问一方面可引出话题，展开交流，另一方面的好处是可澄清问题，了解对方的想法、观点及获取信息，利于区分事实与臆想。

（3）学会运用“我”信息。

“我”信息是指在交流中只表达自己的想法、感受或建议，不评判、指责对方的行为过错，尤其不评判对方的品性。其基本原则是：第一，用陈述客观事实来取代批评；第二，避免对他人的评判，注意力集中在自己的感受上。重点是用“我”开头来描述自己的处境、感受，而不是“你”。常用的句式为：“我觉得……”、“我想……”、“我认为……”、“我感觉……”，比如：“当我听到你那么说，我感到很失望。”

（4）恰当运用声调和身体语言。

有心理学家认为，交流沟通效果的来源是：文字7%，声调38%，身体语言55%。也就是说决定沟通效果的主要是声调（音调、音量、语速、语气）和身体语言（站姿、手势、头的位置、面部表情）。因此要达到良好的沟通效果，在沟通中要注意恰当地运用不同声调的力量和积极的身体语言，如眼神接触、微笑等，并在对话时做到声调和身体语言的配合一致。别人说完话后，你可通过复述对方刚才说过的话来进一步增强沟通效果，比如：“我听你说到……”、“你刚才说……”、“看看我是否听清楚了，你刚才说……”

（5）说话时态度真诚友善，同时多提对方的名字。

名字是最能“抓住”人的耳朵的，比如在嘈杂的人群中，你正聚精会神地和你身边的朋友交谈，忽然听到人群中有人在提你的名字，你便会转头望去。在与人的交流中，比起任何字，通常我们会更容易接收到我们的名字。因此，在与人的交流中，多提对方的名字，同时话语真诚友善，你会发现你是多么的善于交流。

2. 冲突管理的技巧

团队合作中，难免会遇到因意见不一致而发生冲突的情况。要有效地化解冲突，你可以试试以下的途径。

（1）确定并清楚问题情景。

要弄清楚什么是事实，什么是臆想，问题情景是什么。

例如：张静与好朋友敏敏一起合租一套公寓房。敏敏性格活泼，爱交朋友，每天中午都会邀请三五个朋友来公寓玩，使张静没法安静地午休。

事实：张静与敏敏住在一套公寓里；敏敏每天中午约朋友到公寓玩；敏敏的聚会影响了张静午休。

（2）说出你的想法与感受。

在人与人的相处中，如果期望他人的行为能够改变，最好的做法是直接向对方表达出你的想法和感受。

示例：

张静：敏敏，你每天中午都要邀请朋友来住处聚会，吵闹声让我不能安静地午休，我感到不太愉快。

（3）请对方说出他（她）的想法与感受。

示例：

张静：我想我们能处理好这一问题，你说呢？

敏敏：是吗？我不知道这影响了你，在我看来，我觉得我的朋友来玩时你都是很高兴的样子，我以为你很欢迎呢。

（4）说出你的需要。

示例：

张静：是的，我的确很高兴和你的朋友在一起。可是我高兴你的朋友来玩并不等于欢迎她们每天中午都来。我中午需要午休，她们每天中午都来影响了我午休，这让我下午上课时感到精力很不充足。

（5）提出另一种选择方案。

提出的建议应该是双方都能满意、接受的。

示例：

张静：敏敏，如果我们周末才邀请你的朋友来玩，你觉得如何？当然，假如你非常希望每天中午大家都能聚一聚，你们是不是可以到你另一个朋友那里去？

（6）达成协议。

示例：

敏敏：张静，我为影响了你午休感到很抱歉。因为我们俩单独住，很方便聚会，所以大家都喜欢来。你说得对，我们不能每天中午都这样聚会以致影响你休息，当然我们也可以另换一个地方。

张静：那你准备怎么做呢？假若你的朋友们周末来，我真的很欢迎。

敏敏：我会和她们商量的。

了解协作增效

只身一人，我们能做的少之又少；并肩协作，我们能做的很多很多。

——［美］海伦·凯勒

2004年6月，拥有NBA历史上最豪华阵容的湖人队在总决赛中的对手是14年来第一次闯入总决赛的东部球队活塞队。赛前，很少有人会相信活塞队能够坚持到第七场。从球队的人员结构来看，科比、奥尼尔、马龙、佩顿，湖人队是一个由巨星组成的“超级团队”，每一个位置上的球员几乎都是全联盟最优秀的，再加上由传奇教练菲尔·杰克逊对其的整合，在许多人眼中，这是20年来NBA历史上最强大的一支球队，要在总决赛中将其战胜只存在理论上的可能性，更何况对手是一支缺乏大牌明星的“平民球队”。

然而，最终的结果却出乎所有人的意料，湖人队几乎没有做多少抵抗便以1:4败下阵来。

为什么巨星云集的湖人队会失败呢?

大雁总是群飞，而且飞行时大雁总是排成V字形队列。它们为何总是这样飞行呢?

科学家通过追踪研究，发现了其中的秘密：

大雁列队飞行时，双翅扇动的气流，可以形成一股巨大的推力和浮力，在后面的大雁可节省体力滑翔。

当每一只大雁展翅拍打时，就会为后面的大雁制造上升气流，整个鸟群抬升。借着V字队形，整个雁群飞行的路程比单只大雁飞行的距离长73%。

大雁无论何时掉了队，马上就会感到独自飞行的阻力，很快会回到队伍中来。

大雁飞行时定期变换领头者。领头的大雁在前面开路，能帮助它两边的大雁形成局部的真空。当领头的大雁疲劳时，就会退到V字形队伍的尾部，让另一只大雁接替飞在队形的最前端。

飞在后面的大雁不断发出“呷呷”的叫声，给前面的大雁鼓劲。

当一只大雁生病或受伤时，会有两只大雁随它一起飞落到地上，帮助和保护它，直至这只大雁情况好转或死去。然后，它们就会加入新的雁群，或者组织自己的队伍去追赶前面的雁群。

大雁的这种模式效应，叫“协作增效”。

众人拾柴火焰高，协作增效是1+1=3，甚至更多。

协作增效是一个创造第三种选择的过程。在这个过程中并不是完全按照你的方法，也不是完全按照我的方法，而是创造第三种更好的方法。

要做到协作增效，首先得学会欣赏差异，欣赏差异的前提是认识到这个世界上每一个人都是独特的，了解每个人的风格、特点和性格都不同。其次，要能虚心地听取别人的建议、见解，体谅他人，善于寻找更新更好的方法。宛如一个乐队，萨克斯和架子鼓绝对不会发出同一种声音，但我们不能说一种乐器重要，另一种乐器不重要，它们不过是特点不同而已。制造音响效果的不是鼓手、吉他手、萨克斯管吹奏者或人声，是所有人声和乐器各尽所长的“共同制造”。

了解了协作增效，也许你已找到了湖人队失败的原因，对吗？

活动

练习“我”信息的使用

➡目的要求

事先将练习打印在纸上；通过练习，学会运用“我”信息，学会自信果断地表达自己的感受。

➡方法步骤

1．把打印好的练习发给学生，请学生把上面的“你”信息句子逐一改写成“我”信息（“我”信息即只表达自己的感受、想法、建议，不评判、指责别人行为的对错）。

A．你的表现真差劲！要不是你总不传球给别人，我们球队今天赢定了！

B．你再与那些人交往，你迟早要被拖下水的！

C．你这样做太糟糕了，你只会给自己找麻烦！

D．你再不打招呼就进我房间，而且乱翻我的东西，你就不会有好下场！

E．你真是糟糕！又把房间弄得乱糟糟的，我替你收拾东西都收拾烦了，你怎么这么邋遢！

F．你百分之百错了！我才不会那样干。

2．两个人一组进行角色扮演，体会“你”信息和“我”信息的差异。

➡讨论

当对方用“你”信息句式与你说话时，你的感受是什么？当对方用“我”信息句式与你说话时，你的感受是什么？产生这些感受的原因是什么？

接纳他人

目的要求

事先准备好厚纸板、剪刀、打孔器、小纸片、笔、盒子、毛线等。在小纸片上分别写上下列词语：埋怨、愤怒、悲伤、高兴、厌恶、生气、恼恨、怜悯、友善、满意等。将写好的小纸片放进盒子里。通过本次活动，要认识到我们外在的行为是内在态度的体现，进而学会接纳他人。

方法步骤

1. 每人发一块厚纸板，将厚纸板剪成直径21厘米左右的圆形。

2. 每人从盒子里抽出一张小纸片。

3. 每位同学根据小纸片上的词语，用圆形厚纸板做一个面具，表现小纸片上的内容。例如：“愤怒”在面具上画出瞪圆的眼睛；“厌恶”在面具上画出皱着的眉头；“满意”在面具上画出笑眯眯的眼睛，等等。

4. 画好面具后，在面具的眼睛部位剪出两个小洞，并用打孔器在面具的边缘打两个洞，穿上一段毛线，再将面具戴在脸上。

5. 相互观察别人的面具，同时猜猜面具的表情是什么。

讨论

1. 什么时候我们会产生愤怒、厌恶、生气这些情绪？我们有这样的情绪时会给身边的人带来什么样的影响？

2. 你身边的人有上述情绪时，会给你带来什么样的影响？你会有什么样的感受？

3. 什么时候我们会表现出友善？我们的友善会对别人产生什么影响？别人的友善会带给我们什么影响？

4. 什么时候你会感到满意？这种感受会给别人带来哪些影响？会给我们自己带来什么影响？

知识链接

人际关系八大距离

根据美国人类学家埃特瓦特·霍尔的观察，人际关系可通过八种距离来断定。

1. 密切距离——接近型：0.15米。

这是为了爱抚、格斗、安慰、保护而保持的距离，是双方关系最接近时所具有的距离。这时语言的作用很小。

2. 密切距离——较近型：0.15～0.45米。

这是伸手能够触及到对方的距离，是关系比较密切的同伴之间的距离，也是在拥挤的公共汽车中人与人之间不即不离的距离。

3. 个体距离——接近型：0.45～0.75米。

这是能够拥抱或抓住对方的距离。在这种距离中，对方的表情一目了然。男人的妻子处于这种位置是自然的，而其他女性处在这个距离内，则易产生误解。

4. 个体距离——稍近型：0.75～1.20米。

这是双方同时伸手才能触及到的距离，这是对人有所要求时应有的一种距离。

5. 社会距离——接近型：1.20～2.10米。

这是超越身体能接触的界限，是办事时同事之间所处的一种距离。保持这种距离，使人具有一种高雅、庄严的气质。

6. 社会距离——远离型：2.10～3.60米。

这是为便于工作保持的距离，工作时既可以不受他人影响，又不给别人增添麻烦。

7. 公众距离——接近型：3.60～7.50米。

如果保持4米左右的距离，说明说话人与听话人之间有许多问题或思想待解决与交流。

8. 公众距离——远离型：7.50米以上。

这是讲演时采用的一种距离，彼此互不相扰。

团队与团队精神

“团队”是管理学界近年来较为流行的一个词。团队不是某个在一起工作的集体。例如：美国每年在篮球大赛结束后，常会从各个优胜队中挑出最优秀的队员，组成一支“梦之队”赴各地比赛，以制造新一轮高潮，但结果总是令球迷失望——胜少负多。其原因在于他们不是真正意义上的团队，虽然他们都是最顶尖的篮球选手，但是由于他们平时分属不同球队，无法培养团队精神，不能形成有效的团队出击。

一个真正的团队应该有一个共同的目标，其成员之间相互依存、相互影响，并且能很好合作，追求集体的成功。

团队精神代表的是一系列鼓励成员间倾听他人意见并且积极回应他人观点、对他人提供支持并尊重他人兴趣和成就的价值观念。

一个优秀的团队必须是拥有创新能力的团队，团队中的每个成员都习惯改变以适应环境不断发展变化的要求。

团队是一个有机整体，团队成员除了具有独立完成工作的能力之外，同时具有与他人合作共同完成工作的能力。

团队的绩效源于团队成员个人的贡献，同时永远大于团队成员个人贡献的总和。而群体中的成员没有协同工作的要求，群体的绩效是群体成员个人绩效的总和。

以团队为基础的工作方式可以提高成员的职业道德水平，团队力量的发挥是组织在竞争中胜出的必要条件。

团队精神不等同于集体主义。团队精神可以使组织保持活力，焕发青春，积极进取。

团队精神，简单来说就是大局意识、协作精神和服务精神的集中体现。

团队精神要求有统一的奋斗目标或价值观，而且需要信赖，需要适度的引导和协调，需要正确而统一的文化理念的传递和灌输。

团队精神强调的是组织内部成员间的合作态度，为了一个统一的目标，成员自觉地认同肩负的责任并愿意为此目标共同奉献。

团队精神的基础是尊重个人的兴趣和成就，核心是协同合作，最高境界是全体成员的向心力、凝聚力，反映的是个体利益和整体利益的统一，并进而保证组织的高效率运转。

团队精神的形成并不要求团队成员牺牲自我，相反，挥洒个性、表现特长保证了成员共同完成任务目标，而明确的协作意愿和协作方式则产生了真正的内心动力。

团队精神必须要有一个良好的形式载体，必须要有制度体系来维护和巩固。比如球队的纪律性和严肃性就是在赛场上发挥团队精神的有力保障。

十三

学会宽容　自信人生

包布·胡佛，是美国著名的飞机试飞员。在一次飞行表演即将结束之时，飞机的两个引擎突然熄火。飞机在瞬间从高空开始向下坠落，眼看一场机毁人亡的悲剧就要发生。此刻，胡佛果断采取了一系列措施，用高超的技术使飞机安全着陆。当胡佛走下飞机检查后发现：不出所料，是地勤人员加错了燃油所致。此时，为他做飞机保养的机械师已吓呆了，浑身发抖。在此当口，胡佛并未向机械师大发雷霆，而是紧紧地抱住这个年轻人安慰地说："为了显示我相信你不会再犯类似的错误，我要你明天再为我保养飞机！"

你会这样做吗？

你是否为胡佛的做法感到震撼？

惊魂后的胡佛，向我们诠释了什么叫宽容：宽大有气量，不计较或不追究他人的过错。

海纳百川方成其为海。"地势坤，君子以厚德载物"。我们当有宽大的气量，去容纳自己、容纳他人、容纳改变不了的事情。

宽容的心，天高，地阔，自在而从容。

要做到宽容，我们需要先在心里给自己一个位置来包容自己、容纳自己。只有当你能悦纳包容你自己，你才能容纳别人、宽容别人。

大海乐于接纳江河才成其为大海

最美的景致是自己

在这个世界上，我们每一个人都是独一无二的。就像千姿百态的花朵，每一朵都不一样，同时每一朵都有自己的美丽。我们每一个人都是自己生命的美丽花朵，都值得自己爱和欣赏。花朵的开放，自信坦然，我们也当一样。当你学会无条件地接纳自己，你会发现生活是多么的自如、快乐，身上有着怎样不竭的向前的动力。

在一个聚会上，一位企业家讲了这样一个故事：多年前的一个傍晚，一位叫亨利的青年移民，站在河边发呆。这天是他30岁的生日。可他不知道自己是否还有活下去的必要。因为亨利从小在福利院里长大，身材矮小，长相也不漂亮，讲话又带着浓厚的法国乡下口音，所以他一直很瞧不起自己，认为自己是一个既丑又笨的乡巴佬，连最普通的工作都不敢去应聘，没有工作，也没有家。

就在亨利徘徊于生死之间的时候，与他一起在福利院长大的好朋友约翰兴冲冲地跑过来对他说："亨利，告诉你一个好消息！"

"好消息从来就不属于我。"亨利一脸悲戚。

"不，我刚刚从收音机里听到一则消息，拿破仑曾经丢失了一个孙子。播音员描述的相貌特征，与你丝毫不差！"

"真的吗，我竟然是拿破仑的孙子？"亨利一下子精神大振。联想到爷爷曾经以矮小的身材指挥着千军万马，用带着泥土芳香的法语发出威严的命令，他顿感自己矮小的身材同样充满力量，讲话时的乡下口音也带着几分高贵和威严。

第二天一大早，亨利便满怀自信地来到一家大公司应聘。20年后，已成为这家大公司总裁的亨利，查证出自己并非拿破仑的孙子，但这早已不重要了。

"是的，大家也许已经猜到了，这位亨利就是我。"企业家的表情由微笑变为严肃，"接纳自己，欣赏自己，将所有的自卑全都抛到九霄云外。我认为，这就是成功最重要的前提！"

1. 接受自己

（1）接受自己的相貌。

也许你有些不满意自己的身高，不满意自己的肤色，不满意自己的鼻子，对眼睛也有些挑剔。可是世界上的美为什么非要一个样呢？国际名模吕燕的故事大家可能都听说过，她那双曾不被人喜欢的单眼皮小眼睛最后却成为她成功的一个亮点。佛陀就曾告诉他的弟子，生长在大地上的各色各样的花，种类千差万别，香气各不相同。但清馨的莲花不会想把自己变成雍容华贵的牡丹，山坡上的小野黄花，也绝不羡慕园子里艳丽的玫瑰。你就做你自己，坦然接受自己与别人的不同。接受自己的独特，是生命了不起的豁达。

《庄子》中记载着这样一个故事：某人生病后变成了驼背，脸低伏到肚脐，肩隆起高过头顶，脖颈向天。朋友们问他："你很讨厌自己的样子吧？"他回答说："不，我为什么会讨厌它呢？假如上天将我的左臂变成一只鸡，我就用它凌晨报晓；假如上天使我的右臂变成弹弓，我就用它打斑鸠烧了吃；假如上天使我的尾椎变成车轮，我的精神变成了马，我便乘着它遨游世界，无需另备马车……当我改变不了它的时候，我为什么要讨厌它呢？"

（2）接受自己的性别。

天地万物，阴阳互生。阴阳调和，达成万物世界的平衡。当在竞争中胜出的精子与卵子相遇，你的性别就无法逆转地确定下来了。但是你要相信，不管胜出的精子是带着Y染色体让你成为男性，还是带着X染色体让你长成女性，它都是最强壮、最富生命力的那一个，从而能赋予你最强盛的原始的生命之火。所以现在作为男性的你或女性的你是最有强盛生命之火的你，是最好的你。尊重、接受自己的性别，是对自己生命的最高致敬。

（3）接受自己的父母、出身。

不管你是出身富裕还是贫困，不管你是身在繁华都市或暂时不发达的地方，相信你的父母给你的都是他们尽其所能的关爱，在他们的能力范围内，他们已做到最好。我们一旦降生在一个家庭，即使感到不满意，也是不能改变的。父母生了我们，给了我们生命已是非常值得感激。父母是给我们生命的人，我们的人生则要由我们自己照顾。

（4）接受自己的不足、短处。

“金无足赤，人无完人。”就像你站在山头，会觉得一山比一山高，这并不说明你站的山头太矮，能站在珠穆朗玛峰的人毕竟是少数。山外有山，天外有天，这个世界上每个人都会有些自己的缺憾。不管你觉得自己有着怎样的“短处”，都应坦然接受。接受自己的不完美，接受自己的不足或缺点，然后积极地去找到不足、缺点带给你的正面价值并整合到自己的优势里。用这样的心态，在你站的山峰上尽情瞭望，你的风景同样不一般。

（5）接受自己的情绪。

接受自己的情绪，就是允许你自己在情绪来的那一时刻完全地去感受你的感觉。

情绪是我们对事情感受的流露，有时我们感到喜悦、快乐，有时我们觉得悲伤、难过。通常，喜悦、快乐等正面情绪比较受我们欢迎，悲伤、难过等负面情绪则谁都不想碰上。其实情绪并没有好坏之分，不管是正面情绪还是负面情绪，都是我们生命里不可或缺的部分。很多人可能都有过这样的体验：当难过、生气时，越是抗拒，越是要自己不要难过、不要生气，心里却愈加难过、生气。显然这种处理方式并不得当。

对于负面情绪，最佳的处理方法是去专注你自己的感觉：感觉到什么？感觉到的部位在哪里？这份感觉有多强烈？比如当你愤怒的时候，比较好的做法是把注意力放到自己的身体上，去留意那份愤怒具体在身体的哪个位置，并在那个位置专注地感受愤怒的感觉，然后可以想象它是什么样子什么颜色……慢慢地，你会感受到一种释放了的舒缓在你心里延展开。因此，每当你感觉有负面情绪到来时，你可以立即提醒自己去注意自己的呼吸，这样可把你的注意力带回身体。这是接受、管理情绪的小小技巧。同时我们要明白，情绪来源于一个人对事物的看法。当你改变自己对事物的看法时，你的情绪感受也会随之改变，而你的看法你是可以选择的。

（6）接受自己的所作所为。

不管你做过什么或正在做什么，相信你潜意识里都有你自己的理由，初衷都是好的。有时事情的结果出乎你的意料，可能只是你的行为没有达到预期的效果，也许我们需要改善的是自己的方法，或弄清楚自己的真正意愿是什么。只要你有强烈的成功意愿，你一定会找到最适宜最有效的方法。因此，接受自己，你还要接受自己的所作所为。人生没有彩排，总有会犯错的时候，重要的是犯错以后知道及时去补偿，同时汲取教训，同样的错不犯第二次。

伊索寓言里讲了这样一个故事：孔雀向赫拉诉说夜莺以悠扬、动听的歌声，深深地打动了人们的心，使大家十分喜爱她。而她一开口唱歌，便遭到听众们的嘲笑。天后赫拉安慰她说："但你的外表和身材是出类拔萃的。绿宝石的光辉闪耀在脖子上，开屏时，羽毛更是华丽富贵，光彩照人。"孔雀说："既然在歌唱上我远远不及他人，这种无言的美丽，对我又有什么用呢？"赫拉回答说："各人有各人的命运，这是由命运之神所注定的。他注定了你的美丽，老鹰的力量，夜莺的歌唱，乌鸦的凶征。所有鸟类都满意神所赋予他们的东西。"

世界之所以这么多彩，正是因为有各种独特性的存在，包括你自己。不管自己长得怎样，不管自己处在什么环境，不管自己是不是善于舞蹈、歌唱，学习成绩是否优秀，都请你选择无条件地接受自己并感激自己的唯一和独特。把曾经惯用的"要是我……就……"、"假如我有……就……"等给接受自己设条件的句式、想法从生活中剔除，你就是你。每一刻都和真实的自己好好相处，你会发现自己是多么的有价值，是多么可爱的一个人。

学会无条件地接纳自己，会让你拥有深深的安全感和幸福感。

2. 爱自己

在我们的生活范围里，一定会有人不喜欢我们，但那并不是灾难，我们没有办法取悦每一个人。重要的是我们要学会自己爱自己，爱自己是我们能送给自己的最好的礼物。而一个真正爱自己的人，最突出的是懂得尊重自己的感觉，不做自己能力以外的事。

（1）肯定自己，赞同自己。

你一定有自己很喜欢的东西吧？你是怎样呵护这件你喜爱的东西的？你会希望别人否定它的价值吗？对你来说，喜欢它、珍视它是因为它对你而言有不一样的价值。让你感到有价值的东西，你才会去喜爱。同样的道理，爱自己，先要会肯定自己的价值。

可生活中，我们却常常因为觉得自己“不够好”而不断地去否定自己、责备自己。当别人不高兴，你心里也许马上就会把问题指向自己：是不是自己做了什么不对的？当一件事没做好时，你心里或许马上就冒出了责备的声音：什么都做不好！想想，如果有个人一直站在你旁边，一直在批评你这没做好那没做好，你是什么感受？你和你的内心就类似于这样，你的内心更想得到你的肯定、赞同，然后再成倍地回馈给你愉快感、满足感。

（2）做自己最好的朋友。

因为没有第二个人会像你一样了解自己的渴望和需要，所以你首先要做自己最好的朋友。学会倾听自己的心声，像呵护你的好朋友一样呵护自己，像尊重好朋友一样尊重自己，像支持好朋友一样支持自己。对自己要有耐心，常对自己微笑，成功时给自己一些奖励，失败时鼓励自己。

（3）欣赏自己。

每朵花对自己的存在都很有自信，因为，有没有人欣赏不是花开的理由。做自己的偶像，欣赏自己，体会自我的独特，你才会更加与众不同。

（4）尊重和爱自己的身体。

身体是承载你生命的不离不弃的朋友。每个人必须接受、尊重和爱自己的身体。不管身体是高、矮、胖、瘦、健康或疾病，都要尊重你的身体，都要尽心地保护、爱护，不做不尊重身体的事。每天合理地饮食，尽可能给足身体营养；进行适当的体育锻炼；不饮酒、吸烟、吸毒；有规律地作息。这些都非常有益于保持你身体的健康。

（5）重视自己的形象。

个人形象，是一张无字的名片。一个爱自己的人，会很珍视自己的形象，从言谈举止、仪表着装上体现出自己是一个值得被尊重的人。一个爱自己的人，不会随意糟蹋自己的形象。

（6）培养自己喜欢的特质。

境由心生，相随心生。好的性格修养，不凡的气质，厚实的内涵，这些特质都为后天所成，也是你30岁后相貌的缘由。现代发达的科学，手术刀可以让你拥有你想要的漂亮外貌，然而内在特质的培养还是得靠你自己修炼。一个人真正吸引他人的是其内在特质。

有个叫拉塞尔·康维尔的美国牧师，曾无数次讲过一个名叫“宝石的土地”的故事：

从前印度有个叫阿里·哈弗德的富裕农民，为了寻找埋藏宝石的土地，变卖了家产，出外旅行，终因贫困而死。结果却在他卖出的土地里发现了世界上最珍贵的宝石。

祝福你挖到自己土地中深藏的宝石。

有容乃大——学会宽容别人

孔子曰："能行五者于天下为仁矣。"请问之。曰："恭、宽、信、敏、惠。恭则不侮，宽则得众，信则人任焉，敏则有功，惠则足以使人。"

宽则得众，有容乃大。

懂得宽容别人，是生命更大的格局，会让我们的生活达到更高的境界。

有这样一则寓言：

从前，有一条大河，河水波浪翻滚。河上有一座独木桥，很窄，仅用一根圆木搭成。有一天，两只山羊分别从河两岸走上桥，到了桥中间两只山羊相遇了。但因桥面太窄，谁也无法通过，而这两只山羊谁也不肯退让。结果，两只山羊在桥上用角顶撞起来。双方互不示弱，拼死相抵，最终双双跌落桥下并被河水吞没。

"让一步是宽，退一步是阔"，容人便是容己。当我们能够做到宽容别人，自己也就有更多的出路。

唐代著名的慧宗禅师常为弘法讲经而云游各地。有一回，他临行前吩咐弟子看护好寺院的数十盆兰花。弟子们深知禅师酷爱兰花，因此侍弄兰花非常殷勤。一天深夜，狂风大作，暴雨如注。偏偏弟子们由于一时疏忽，当晚将兰花遗忘在户外。第二天清晨，弟子们望着眼前倾倒的花架、破碎的花盆和憔损的兰花，后悔不迭。几天后，慧宗禅师返回寺院，众弟子忐忑不安地上前迎候，准备领受责罚。得知原委，慧宗禅师泰然自若，神态依然是那样平静安详。他宽慰弟子们说："当初，我不是为了生气而种兰花的。"就是这么一句平淡无奇的话，在场的弟子们听后，都在肃然起敬之余，更如醍醐灌顶，顿时大彻大悟……

禅师"不是为了生气而种兰花"，我们也不是为郁闷、为与人较劲而在努力地学习、工作。

事实上，每一个人所做的最终都是为了更快乐幸福地生活。

所以，值得做的，都值得做好；值得做好的，都值得做得开心。心打开了，心田就宽阔，人生格局自然也就宽广了。

宽容别人，一方面是在信念上我们要建立"世界上没有两个人是一样的"这样的思想观念，了解没有两个人的价值观念、对待事情的方式是完全相同的，因此懂得不用自己的价值观念去衡量、判断别人，也不用别人的价值观来判断自己。孔子说"外化而内不化"，就是教导我们在与人相处时，你可以内在坚持自己的价值原则，外在则通达顺应，包容他人。

另一方面是在方法上要学会从他人的视觉、从不同的角度和更高的高度去看待问题、事物。人的眼界、角度、立场、所处的环境不同，看到的事物的面往往也不同，对事情的理解也不会一样。宽容的基础是理解。

一只小猪、一只绵羊和一头奶牛，被关在同一个畜栏里。有一次，主人捉住小猪，小猪大声号叫，猛烈地抗拒。绵羊和奶牛讨厌它的号叫，便说：“他常常捉我们，我们并不大呼小叫。”小猪听了回答道：“捉你们和捉我完全是两回事，他捉你们，只是要你们的毛和乳汁，但是捉住我，却是要我的命呢！”

宽阔的眼界，是不计较的前提，大的眼界不会把自己困在独木桥上。站在一楼看到的景况与站在五楼、十楼看到的景况不一样，我们要学会尽量地站在更高的楼层，尽量地让自己看事物的眼光开阔一些，眼界宽了，心就会更宽。

林肯总统对政敌素以宽容著称，这引起一议员的不满，议员说：“你不应该试图和那些人交朋友，而应该消灭他们。”林肯微笑着回答：“让他们变成我的朋友，难道不正是在消灭我的敌人吗？”

具体地看，宽容别人，就是要能够豁达地容纳别人的优秀、别人的功绩、别人的不足、别人的过错、别人的个性，更重要的是要学会放下，放下对别人的苛刻计较、责难或怨恨。成长过程中，没有人会不犯错，你不希望别人总揪着你的过错不放，别人也不希望自己的过错总被你揪着。宽容别人，实际也是释放自己。也许你曾和《当下的力量》的作者埃克哈特·托利一样，观察到过这样的景象：池塘里游着的鸭子，偶尔会突然发生争斗。但争斗通常很短暂，然后两只鸭子就会各自分开，游向不同的方向，并不约而同地用力扇动几下翅膀。接着它们就会像没有发生过争斗一样继续和平地在水上漂游。这是鸭子的智慧，在扇动翅膀之时，它们释放掉了争斗时积累下的多余能量，也放下了刚刚发生的所有过节。生活中，我们也要学会常常拍打我们的“翅膀”，放下对别人的不原谅，让过去真的成为过去，让当下的自己拥有更多的轻松、平和，以自在的心享受生活、追逐梦想。

一个国王曾经在梦中得到一句箴言，可用之终生。梦里有人告诉他：在这个世界上你只要记住这句话，那这一生你都将忘怀得失，安然度过任何的大荣大辱。

但是，国王醒来时竟然把这句话给忘了。有一言可以受用终生，这么重要的一句话到底是什么呢？国王百思不得。于是，国王倾尽宫中所有的钱财打造了一枚巨大的钻戒，对所有的大臣们说：“你们去给我找这句话。谁把这句话找回来，我就把这枚钻戒给谁。”

一天，宫中一位聪明的老臣对国王说：“把您的钻戒先给我吧！”

国王问：“你找到了吗？”

老臣不说话，拿过钻戒，在钻戒的指环上刻了一句话，然后把钻戒还给国王，扬长而去。

国王一看，恍然记起了自己在梦里得到的箴言正是这一句：“一切都会过去。”

一切都会过去。好的会过去，坏的会过去，珍贵的是我们可以把握的当下。

那么，宽容是不是一味地迁就？

其实，宽容不需要你放弃自己的界限。宽容只是在你的心田里容许一个空间存在或者腾出一个新的空间。容许有一个空间，是来容放一些不同于自己或不符合自己意愿的东西；腾出一个新的空间，是有勇气丢掉、放下一些东西，如责难、怨恨等。一个宽容豁达的人，往往是最有自己的边界尺度的人，他们自信、自爱、自尊。他们相信自己的价值，爱自己的生命花园，清楚自己生命花园的边界，也尊重他人的边界。他们坚持又不僵化，包容而又温和开放。他们的心田有桃有李有春风……

活动

如何爱自己

目的要求

事先准备好纸、笔；通过活动，具体地体验负面、消极和正面、积极的思想对一个人的影响。

方法步骤

1. 写下自己的10个优点，写完之后闭上眼睛在心中默念三遍。
2. 睁开眼睛，伸出自己的双手请别人压一压，体会一下是什么感觉。
3. 写下自己的10个缺点，写完之后闭上眼睛在心中默念三遍。
4. 睁开眼睛，伸出自己的双手请别人压一压，体会一下是什么感觉。

讨论

1. 在默念优点、缺点之后，伸出的双手被别人压一压后出现的感受有什么不同？为什么？
2. 这个小小的实验带给你什么感想？

活动拓展

从前面写出的10个优点中挑出自己最看重的3个。两个同学一组，相对坐下。一个同学专注地看着另一个同学的眼睛，大声、清楚地说："我有成千上万个优点，现在我只跟你说3个，这3个是……"连续重复3次。完成后换另一个同学做。（每个优点用20个以内的字表达，优点不可带有否定词语，说的时候不可眨眼睛，眨眼者要重新开始。优点必须每次说的都一样）

讨论

1．这个小小的实验对你来说难易程度怎样？请在0～10分的范围内打分。

2．当你看着对方的眼睛，说这些话的时候，你内心的感受是什么？

"放下布袋"

目的要求

事先准备好16K纸大小的布片、缝衣线、缝衣针、30～50厘米长的带子、几个煮熟的鸡蛋、油性笔等。通过活动，体验宽容别人，实际是解脱自己。

方法步骤

1．现场将布片缝成小布袋，再将带子缝在布袋上，便于随身携带。

2．列出自己觉得不可宽恕的人或事，然后将这些人的名字或事件分别写在不同的鸡蛋上。

3．各自将自己不可宽恕的"人"或"事"放进布袋，并将布袋封口。

4．将布袋背在身上，而且不管做什么都必须携带着布袋，不可以放下。

5．一周后宣布结束游戏，取下布袋。

讨论

1．一周来你最大感受是什么？对此你有什么感想？

2．放下布袋后，你的感觉是什么？

3．你怎样看待宽容？

知识链接

我对自尊的宣言

[美] 萨提亚

◇我是我自己。

◇在这世界上，没有一个人完全像我。有些人有部分像我，但没有一个人完全像我。因此，从我身上出来的每一点，每一滴，都那么真实地代表我自己，因为是我自己选择的。

◇我拥有我的一切，包括我的身体，和它所做的事情；我的大脑，和它所思所想；我的眼睛，和它所看到的、所想象的；我的感觉，不论它们可能是愤怒、喜悦、挫折、爱、失望、兴奋；我的嘴巴，和它所说的话，礼貌的、甜蜜或粗鲁的，正确或不正确的；我的声音，大声或者小声的；我所有的行动，不论是对别人还是对自己的。

◇我拥有我的幻想、梦想、希望和害怕。

◇我拥有我所有的胜利与成功、所有的失败与错误。

◇因为我拥有全部的我，因此我能和自己更熟悉、更亲密。由于我能如此，所以我能爱自己，并友善地对待自己的每一部分。于是我就能够做我最感兴趣的工作。

◇我知道某些困惑我的部分，和一些我不了解的部分。但是只要我友善地爱我自己，我就能够有勇气、有希望地寻求途径来解决这些困惑，并发现更多的自己。

◇然而，任何时刻，我看、我听、我说、我做、我想或我感，那都是真实的我。

◇过些时候，我再回头看我如何看、听、想和感受的，有些可能已经不再合适了。

◇我能够舍掉一些不再合适的，而保留其余的，并且再创造一些新的来取代舍掉的那些。

◇我能看、听、感受、思考、说和做。我有方法使自己觉得活得有意义、亲近别人，使自己丰富和有创意，并且明白这世上其他的人类和我身外的事物。

◇我拥有我自己，因此我能驾驭我自己。

◇我是我的，而且我很好。

宽容是一种拯救

多年前秋季的一天，有两个失落的少年在加州的一个林场里玩，恶作剧地点燃了那片丛林，他们想象着消防警察们灭火时的慌乱和焦灼，得意不已。他们却万万没有想到，一名消防警察在扑救这场火灾的时候不幸牺牲了。

这名消防警察才22岁，在全力以赴地履行自己的职责时，他被浓烟熏倒后烧死在丛林里头。更令人痛心的是，这名消防警察早年丧父，是母亲独自将他抚养长大的，成长的过程充满艰辛。他常常对母亲表示，成人后要好好回报她。而这正是他参加工作后的第一周，连第一次薪水都没领到……

在查明这是一起蓄意纵火案后，整座城市的人们顿时愤怒了，市长表示一定要将罪犯抓捕归案，让他们接受严厉的惩罚。警察开始四处追捕，那两名被列为嫌疑人的少年的头像也开始出现在各个角落。

而这一切都不是这两个少年最初想象的，他们只能惊恐地逃离这座城市，四处流窜。听着来自四面八方的愤怒的声音，他们陷入深深的悔恨、无奈和恐慌之中。

除了这两个少年，媒体的目光更多地投放到那位警察的单身母亲身上。但是当她说出第一句话时，所有人都震惊了，她说："我很伤心看到我的儿子离开了我，但是我现在只想对制造灾难的两个孩子说几句话——你们现在一定活得很糟糕，很可能生不如死。作为这个世界上最有资格谴责你们的我，我想说，请你们回家吧，家里还有等待你们的父母。只要你们这样做了，我会和上帝一道宽容你们……"

那一刻，全场的记者都无语了，没人想到这位刚刚失去儿子的母亲居然会说出这样的话，他们以为等来的会是哀伤，或是愤怒，没想到竟然是宽恕！

而人们更没有想到的是，这位母亲发表讲话后的一个小时，在邻城一个小镇里，两名少年投案自首了。

两名少年告诉警察：就在那位母亲发表电视讲话的那天下午，他们因为承受不了这巨大的社会压力而购买了大量安眠药，准备一道离开这个世界。但就在这时，他们从电视里听到了那位母亲的声音。他们顿时泪如雨下，而后，将安眠药丢到一边，拨通了警察局的电话……

现在这两名鲁莽的少年已为人父，他们会时常领着自己的孩子去看望那位可敬的母亲，那已经是他们心灵上的另一位母亲。

一个悲剧故事就这样以温馨的结局收尾了，而谁都可以想象，如果这位母亲当时说出的是另一番话语，这两条鲜活的生命就将从此逝去，而她也就永远陷入了孤寂之中。

宽恕

海明威在他的短篇故事《世界之都》里，描写了一对住在西班牙的父子。经过一连串的事情后，这对父子的关系变得异常紧张。男孩选择离家而去，父亲心急如焚地四处寻找。

遍寻不着之际，父亲在马德里的报纸上刊登寻人启事。儿子名叫帕科，在西班牙这是个很普通的名字。寻人启事上写着："亲爱的帕科，爸爸明天在马德里日报社前等你，一切既往不咎。我爱你。"

隔天中午，报社门口来了八百多个等待宽恕的"帕科"。

世上有无数的人在等待别人的宽恕。宽恕的受益人不只是被宽恕者，还有和他们一样多的人可以得到好处——就是那些宽恕他们的人。宽恕是一座让我们远离痛苦、心碎、绝望、愤怒和伤害的桥。在桥的那一端，平静、喜悦、祥和正等着迎接我们。

十四

学会理财　财富开花

我们每个人都有着自己的财富梦想，都希望自己很富足，这样我们生活的选择度就会比较大，至少可以比较轻松地做一些盼望已久的事情，比如去现场看一场世界杯或NBA决赛、偶像歌星的演唱，去趟西藏，或者买那件心仪已久的衣服……

你的财富梦想是什么？

你准备在什么时候实现？

你准备怎样去实现？

你最近7年的财富梦想又是什么呢？

……

也许你已无数次写下过自己的财富梦想，现在，请你再静下心来，拿出纸和笔把你的财富梦想再清楚地呈现一次，这一次你要尽可能地具体细致，把数量、时间、方法等都写出来。

我的财富梦想

人生阶段	财富目标	财富来源	要做的事情	准备采取的措施
25岁				
30岁				
35岁				
40岁				
50岁				
60岁				

当你再次认真地看着你的财富梦想，你内心涌上的感觉是什么？有没有发现

什么？

其实，当你认真写出你的财富梦想时，你已经在开启你的财富意识的大门，开始打理你的财富梦想了。

明确你想要什么，你才可能得到你所想要的。

人生需要规划，梦想需要打理。

不积跬步，无以至千里！财富梦想的起步，从管理好手中的钱开始。

学会科学理财，会帮助我们更轻松地追求自己的财富人生和更幸福的生活。

理财——开源节流

理财是对个人、家庭财富进行科学的、有计划的和系统的管理、安排，实现财富作用的最大化。其根本动机是个人致富，直接目标是改善个人的物质生活，使未来有更强的经济能力。

简单地讲，理财就是处理好自己的钱财。有专家很形象地说："收入像一条河，财富是你的水库，花钱如流水。理财就是管好水库，开源节流。"

开源节流包含两个意思：一是实现资产的保值与增值，使拥有的财产不缩水，让"钱生更多的钱"；二是合理支配钱，即计划好应该把钱花在哪里、怎样花，尽量减少不必要的开支。其实开源节流也就是处理好收入与支出的关系，从而保证水库里总有盈盈的水量。

通过理财，一方面可以使我们的生活井然有序，不慌不忙，从从容容，感觉有保障和安全感，感到安适；另一方面会让我们活得有目标，因为理想的水库容量目标，会激励我们不断地去努力。

怎样做好开源节流呢？

开源节流首先要有正确的金钱观、积极的态度和思维方式。

有这样一个故事：

一个富人，遇到了一个穷人。富人看到穷人困顿不堪的样子，觉得很不忍心，决定帮助穷人脱贫致富。富人对穷人说："我送你一头牛，你好好地开荒，春天到了，我再送你一些种子。你撒上种子，秋天就可以获得丰收，远离贫穷了。"穷人满怀希望地开始开荒。可是没过几天，牛要吃草，人要吃饭，日子反而比以前更难过了。穷人就想，不如把牛卖了，买几只羊。先杀一只，剩下的还可以生小羊，小羊长大后再拿去卖，可以赚更多的钱。他的计划付诸实施了。可是当他吃完一只羊的时候，小羊还没有生下来，日子又开始艰难了，他忍不住又吃了一只。他想这样下去还得了，不如把羊卖了换成鸡，鸡生蛋的速度要快一点，鸡蛋可以立刻卖钱，日子立马就可以好转了。他的计划又付诸实施了。可是穷日子还是没有改变，他忍不住又杀鸡，终于杀到只剩下一只鸡的时候，他的理想彻底破灭了。他想致富算是无望了，还不如把鸡卖了，打一壶酒，三杯下肚，万事不愁。很快，春天来了，富人兴致勃勃地给穷人送来了种子。他发现，这位穷人正就着咸盐喝酒呢！牛早就没了，房子里依然是家徒四壁，他依然是一贫如洗。

这个故事给我们的启示是：做贫困的人或者是富有的人，我们是可以选择的，就看我们启动什么样的思维方式，有什么样的财富意识。“你的财富意识并不由钱来决定，但你的钱的多少是由你的财富意识决定的。”理财要树立的是一种积极的、开阔的、着眼于未来的生活态度和思维方式。你的思维意识即是你的财富容器。

还有一个故事是这样的：

甲、乙、丙三个人，一直是蓬头垢面，衣鞋龌龊。一天，有个朋友给了甲两元钱。甲拿出一元给乙，让他为自己理发洗头；另外的一元钱他付给了丙，丙把他的衣服和鞋子洗得干干净净。

此时的甲已是焕然一新了，但却身无分文，而乙和丙则各得一元钱。已经有一元钱在手的乙，向丙付了一元钱，让丙洗了他的衣服和鞋。有了两元钱的丙，也取出一元让乙给自己理发洗头，并再付一元给甲替他洗衣鞋。这样，丙的钱虽然来了又去，可浑身上下变得干干净净。这时有钱的是甲和乙，每人拥有一元钱；打理干净的增加到了甲和丙两个人。

那个衣鞋已经清洁的乙把他的一元钱付给了甲，请他替自己理发洗头。至此，甲、乙、丙三人都一改形象，成了新人。最后，那两元钱兜了一圈又回到了甲的手里，甲又把钱还给了朋友。钱来了又去，但三个人已统统改变了模样。

这个故事告诉我们：钱的意义在于流通、交换，在交换中我们获得价值。钱是为人服务的，理财不是做现代守财奴，享受生活的幸福是理财的初衷和目的。

要做好开源节流，其次是要做好理财规划，清楚自己的价值追求。

理财规划，是针对个人在人生发展的不同时期，依据收入、支出状况的变化，制订个人财务管理的具体方案，以实现人生各个阶段的目标和理想。比如：什么时候该花什么钱？钱从哪里来？该做什么样的投资？应该投入多少？应该选择什么类型的股票？等等。在整个理财规划中，需要同时考虑财富的积累与财富的安全保障。理财规划通常可请专业机构为个人、家庭量身定做。

理财目标是理财规划中非常重要的项目。如同我们外出旅游必须先定下目的地才出发一样，理财也先要定下数量具体的、有时间性的、能力可达的目标。有研究表明，有的人之所以一生穷困，一个主要原因就是他没有定下成为富人的目标。一艘没有航行目标的船，任何方向的风都是逆风。因此，理财要从设立目标开始。

在理财规划上，不同的理财价值观有不同的理财策略。价值观因人而异，没有对错标准，关键是要知晓什么对自己最重要。我们必须了解以下两个概念：

（1）义务性支出，也叫强制性支出。这是收入中必须优先满足的支出。

在个人与家庭理财中，最应优先满足的现金流量有三项：

①日常生活基本开销。务必要先满足日常生活基本开销，才能再考虑其他理财目标。低收入家庭满足基本生活需求后所剩无几，在无力选择下理财价值观无从显现。

②已有负债的本利摊还支出。已有负债的产生与理财价值观有关，如及时行乐的价值观使人勇于借钱消费。但一旦有了负债，应有的本利摊还应列为优先支出的项目。

③已有保险的续期保费支出。是否投保与个人安全感的认定有关，愿意支付保费来换取心安也是一种理财价值观。已有的保费负担也是优先要考虑的项目。如果停缴保费可能导致保单失效，有违当初保险的原意。

（2）选择性支出，也称为任意性支出。收入高于义务性支出的部分就是选择性支出。通常，哪些支出给个人带来的效用较高，人们的选择性支出就会偏向该项目，这是以现金流量方向衡量的理财价值观。每个人对不同理财目标的效用有不同的主观评价，因此其任意性支出的顺序选择也就有所不同。

要做好开源节流，还需了解常用理财工具。

常用的理财工具有储蓄、保险、债券、基金、股票、外汇、期货、房产、金银、收藏等，其中储蓄、保险、债券、基金是比较基本的理财工具。

“不要把鸡蛋放在一个篮子里。”不同的理财工具各有其长，又各有其短。使用时需要根据自己的实际情况，来选择适合自己的理财工具，建立自己的投资组合。“失之东隅，收之桑榆”，多元化的投资组合，是理财成功的关键因素之一。有理财专家指出，一个家庭最好的理财策略是5：4：1，“5”是安全性资产，如国债；“4”是风险性资产，如股票；“1”是现金流，包括现金和活期存款。

使用上面的理财工具，最基础的一步是你要有一个银行账户。

花钱的艺术

你是否有过这样的经历：

有钱就随性地花；

“月初是豪客，月末是穷鬼”；

经常出现“财政赤字”；

本来还有不少钱，可不知怎么搞的就花完了；

不知道自己的钱到底花到哪里去了；

……

钱该怎么花呢？

在一定的限度内，钱不存在够花不够花的问题，关键是看你怎么花。花钱是艺术。有钱未必快乐，会花钱的人才会真正快乐。

1. 花钱要区分“投资”行为与“消费”行为

据说，在著名的美国第一学府哈佛大学，经济学的第一堂课只教两个观念：第一个观念是花钱要区分“投资”行为和“消费”行为；第二个观念是每月先储蓄30%的工资，剩下的才用于消费。

有关专家跟踪调查了100位25岁的年轻人20年后的生活，结果出乎很多人意料之外，这100人中，80人生活紧张，只有20人经济独立，其中只有5人富裕。而这5人富裕的原因很简单，他们只是老老实实地实施了上面的理财观念而已。

我们可以作这样一个假设：10年前甲和乙是大学同学，在工作5年后，不约而同积蓄了30万元人民币。5年前，他们都花掉了这30万元人民币。甲购买了一套房，30万元。乙买了一辆好车，30万元。5年后的今天，甲的房子市值60万元人民币，乙的二手车市值只有5万元人民币。

甲和乙的财富差异很明显，但他们的收入都一样，有同样的学历和同样的社会经验，为何他们的财富不一样呢？

在这个案例里，甲花钱买房是投资行为，钱其实没有花出去，只是转到了房子上，以后仍归自己；乙花钱买车是消费行为，钱是花出去，给了别人，因为车过10年后，一文不值。跟车子不一样，房子10年后价值说不定已翻两番。

有些人收入高，但财富少，原因在于他大部分的钱花费在消费行为上。而上面案例中的甲则大部分花费在投资行为上。投资行为的钱并没有真正落在别人手里，最后还归自己。

2. 日常消费记账

日常消费应记账，从账单上你能清晰地知道自己每个月的钱到底都用到了什么地方，哪些是应该花的，哪些是可花可不花的，哪些花费是完全没有必要的。而且采用记账的方法可以时刻提醒你已经花了多少钱，至少不会入不敷出。经过账目分析，可找出问题，还可总结出经验，以保证必需的支出，有计划地控制不必要的支出，使自己的消费行为更加合理和有计划性，达到节流的目的。记账的方法可采取每天记账（最好），也可三天或一周记一次，同时每周必须对自己的记账单进行总结分析。

3. 制订开支预算，合理地用钱

理财的根本，在于有财可理，所以首先必须要聚集财富。财富并不是指挣到了多少，而是指还剩多少。因此每月（周）最好做一个强制性的开支预算，根据自己的家庭经济条件和经济来源的可能性来安排、计划好自己的支出。对每月（周）中各项必须支出的项目进行预算，做一个计划，尽量压缩不必要的开支。

4. 制订购物计划

当我们面对商场里五光十色的物品时，购买的欲望总是很强烈，可再多的钱都不够啊。因此，要让自己的钱花得艺术，就得先认真制订一份购物计划。制订计划时最关键的是要分清“需要买的”和“想买的”。在购物清单上，首先保证那些“需要买的”，再根据手头的余钱对自己最想要的物品进行选择和取舍。有了这份计划，在买东西时，你会发现钱用得有效率多了。

种下财富种子

你不理财，财不理你。聚沙成塔，汇涓成海，让我们从现在开始学会使用每一分钱，让我们的人生不会因为没有钱而不快乐，也不会因为有了钱而不快乐，让我们成为快乐的有钱人！

1. 学会存钱，建立个人资金账户

带上身份证，到银行开一个你个人的资金账户。这个账户中的钱属于你个人，同时你要自己管理这个账户。有了个人的资金账户，首先是所有的收入都要入账，包括压岁钱、平时节省下来的零用钱、勤工俭学的收入、奖学金等，养成储蓄的好习惯。这些小钱经过若干年的积累，很可能就是一个大数目。当然，你也可以将钱分别存入不同的银行，将账户分门别类，各有所用。

2. 建立一个“梦想储蓄罐”

你可以随便拿一个罐子，把它作为你的储蓄罐。然后在这个罐子上写上你的梦想。你目前要为自己最重要的几个愿望各准备一个储蓄罐。一旦储蓄罐准备好，你就应当把省下的每一分钱都放进去，为你自己的梦想投资。

3. 适当投资

中学生理财的重点是养成良好的理财习惯。当有一些积蓄时，可尝试进行一些投资。适当投资除了可使你自己的财富增值，另一个好处是可在实践中培养你的“财商”，为未来的竞争打下基础。对于中学生来说，比较适合的投资项目有储蓄、保险、国债、收藏品。中学生由于主要精力要用于学习，较少有比较松散的时间，一般不建议购买股票。如果觉得自己有相当的时间管理能力，也实在想尝试一下，可先学习购买基金。

4. 学会赚钱，进行勤工俭学

当条件和时间允许，适当地进行勤工俭学，既可增加自己的收入，还可体验社会生活，而且钱是通过自己的劳动赚来的，做这样的“有钱人”快乐会更不同。

5. 节俭

“富人钱生钱，穷人债养债。”这句话从某种角度反映出这样一个现实：节省钱、尊重钱是很多富人的习惯，他们的钱能“生”钱，而没有钱的人却往往穷上加穷，这是否与他们对待钱的态度有关呢？钱是用来花的，但是不可以浪费。我们正在成为富人的路上，所以生活中我们要节约每一分钱。

6. 积极参与家庭理财

家庭是我们重要的经济支柱，首先我们要清楚家庭的主要收支及负债明细，这体现了你的一种责任心和对家人的爱。同时积极地献计献策参与家庭理财决策或尝试“小鬼当家”，进行理财“热身”。

活动

“梦想储蓄金”

目的要求

事先准备好纸、笔，3个你喜欢的储蓄罐，1个银行账户；通过本次活动，弄清楚自己想要的是什么，学会合理地支配自己的钱。

方法步骤

1. 确定出你想用金钱来完成的10个愿望，将它们列在纸上。

2. 将你的愿望按重要程度排序，从10个愿望中找出对自己最重要的3个愿望。

3. 你准备在什么时候实现这3个愿望？预算一下实现这3个愿望分别需要多少钱，共需要多少钱。

4. 请写出你实现这3个愿望的理财计划。

5. 建立“梦想储蓄罐”：在你准备好的3个储蓄罐上分别写上你最重要的3个愿望，用来储蓄你为你的梦想节省的每一分钱。

6．收支预算：列出你未来一个月的收支项目，进行收支预算。

7．收入分配：扣除必须的开支，将你每月的余钱按5：4：1的比例分配，分别存入银行、放入“梦想储蓄罐”、用做零花。计算一下，这大约各是多少？

8．每天看一遍自己的愿望清单，想象一下愿望实现时的情景，相信自己一定能够实现它。同时，坚决执行自己的理财计划。

交流

1．在同学间大声说出自己的梦想。

2．相互交流，分享自己的感受。

3．邀请一位同学监督自己的执行情况。

活动

如果中奖100万

虚拟背景：一次购买彩票之后，你中了100万元大奖，面对飞来的横财，你打算怎样处理这笔财富？

目的要求

学习理财规划，培养正确对待财富的态度，养成理财的好习惯。

方法步骤

1．每位同学设计一个100万元的消费方案，并说明消费理由。

2．以小组为单位进行交流、讨论。

3．每个小组选出一个优秀方案到全班交流。

讨论

1．从全班交流的优秀方案中，你最认同的是哪套方案，最不赞成哪套消费方案？为什么？

2．在方案制定过程中，什么才是最重要的？理财方案有没有对与错？

知识链接

个人理财规划

个人理财规划，就是针对个人理财而制订的相关投资组合、策略、盈利目标及其为达到该目标而将要实施的方式、方法等。包括：

1. 个人财产分析：弄清楚自己到底有多少财产。

2. 个人收支分析：日常收入与日常开支。

3. 个人理财目标。按时间长短分：短期目标（1年左右）、中期目标（3～5年）、长期目标（5年以上）；按人生过程分：个人单身期目标、家庭组成期目标、家庭成长期目标、子女教育期目标、家庭成熟期目标、退休以前的目标、退休以后的目标。个人理财目标制订好后不是一成不变的，应根据实施情况、环境背景适时地作相应的调整，以达到最切合自身的实际要求。

4. 个人理财计划：个人理财投资步骤、个人理财实施方案。

根据个人理财目标，制订相应的个人理财计划，并选择最佳的投资步骤、实施方案，进行个人理财投资操作。根据个人理财计划，制订具体的理财投资步骤和理财实施方案，按计划、有步骤、有方案地进行个人理财，使自己的钱财通过科学合理的安排、消费，有效的管理和投资，从而获得最大、最好的效益，创造更多的财富。

个人理财计划即理财目标的细化，理财投资步骤的落实。理财计划要根据每个人的理财目标和自己的操作能力具体制订。

为达到个人理财目标，在理财计划中，要明确各个理财步骤和投资工具。在个人理财计划中，可以只有一个投资步骤，用一种投资工具；也可以有几个投资步骤，用几种投资工具。只有准确地判断投资理财环境，才有可能较好地使用投资理财工具。

理财计划制订后，对于每一个理财投资步骤都应认真地去实施，不要轻易地终止或改变。当然，也可以根据理财计划的实施情况、理财目标的实际性、自身条件、周围环境的变化，对个人理财计划作相应的修正。

学做有钱人

没乱花钱，但每月都几乎“月光”；也想省钱，可什么东西都在涨价，只有薪水没有涨……如果这也是你的感受，那你就需要学习理财新技能了。

第一课：100元有什么用？如果你知道，每天省下一杯50元的咖啡，或者少搭一次出租车，30年后，你就能拥有数百万元，你还会看不起100元吗？

第二课：1元等于3元。要让1元钱发挥3元钱的功效，这样做的结果是，你能把资源用在真正心仪的地方。管理金钱，反而会增加你的自由。

第三课：储蓄未来财。把收入分成若干份，每月先留存“未来基金”，然后支配其余收入，并把结余存入“未来基金”账户。如果你总是自由开销，可能在不知不觉中就花掉了属于未来的钱。

第四课：分清“想要”和“必要”。股神巴菲特拥有百亿美元的身价，却不愿花钱买套昂贵的西装。分清“想要”和“必要”，给种种欲望排出座次，按顺序聪明地花钱，这是有钱人与穷人的重要区别之一。

第五课：养成管理金钱的习惯。给欲望排出座次后，就要计算成本和收益，并据此决策。这样做一次两次并不难，真正困难的是养成习惯。请牢记：养成管理金钱的习惯，远比你拥有的钱财数目重要。

——摘自台湾《商业周刊》

生活

生活对于任何人都非易事，我们必须有坚忍不拔的精神。最要紧的，还是我们自己要有信心。我们必须相信，我们对每一件事情都具有天赋的才能，并且，无论付出任何代价，都要把这件事完成。当事情结束的时候，你要能问心无愧地说：“我已经尽我所能了。”

——［法国］玛丽·居里《我的信念》

十五

规划生涯　人生美好

姚明：男，1980年9月12日出生，篮球运动员，中锋，身高2.26米。

家庭背景：父亲姚志源，身高2.08米，曾效力于上海男篮；母亲方凤娣，身高1.88米，是20世纪70年代中国女篮的主力队员。

运动经历：9岁，在上海徐汇区少年体校开始接受业余训练。5年后，进入上海青年队；17岁入选国家青年队；18岁穿上了国家队队服。

职业：篮球运动员。现效力于美国职业篮球联盟休斯敦火箭队。

李宁：男，1963年9月8日出生，身高1.64米。

运动经历：8岁开始练习体操，10岁入广西壮族自治区体操队，1980年被选入国家体操集训队。

最好成绩：在1984年洛杉矶奥运会上获得三块金牌。

职业：1988年以前为国家体操运动员；1988年12月26日正式宣布退役，1990年创建北京李宁体育用品有限公司，现仍为公司董事长。

从以上两位体育明星的生活经历可以看出，每个人所选择的生活模式往往受到个人特点和环境的影响。

影响生涯发展的因素

生涯是指个人通过从事工作所创造出的一个有目的的、延续一定时间的生活模式。

对一个人来说，没有“十全十美”的生涯道路，但也许会有最适宜的生涯道路。

“有目的的”是指生涯对个人来说是有意义和有价值的。生涯需要规划、思考、制订和执行。生涯因个人的动机、抱负和目标而形成与发展，它反映了个人的价值观和信念。

“延续一定时间”是指生涯是持续一生的过程。

“生活模式”是指生涯不仅是一个人的职业和工作，它与个人所有的生活角色交互作用。

生涯规划是对自己的一生作具体的规划。个人对内要看清自己的能力、兴趣、个性等内在条件，对外要看清外在环境与工作世界，然后作出正确的生涯规划。生涯规划的目的在于掌握现在，预见未来，激发个人对自己生命的期许，有效地安排自己的一生。

影响生涯发展的因素是指综合塑造生涯的经济、社会、心理、教育、生理与机遇等因素的总和。这些因素中的任何一个都无法单独决定一个人的生涯。影响同学们进行生涯规划的社会因素有很多，一般包括经济发展水平、社会文化环境、政治制度和氛围、价值观念等。这里，我们主要讨论影响生涯规划的自我因素。

认识自我是一个人成功经营自己生涯的第一步。自我认识可通过自我探索来加以完成和完善。自身的价值观、兴趣和技能是进行生涯决策时最重要的自我因素。

价值观是指个人对客观事物及对自己的行为结果的意义、作用、效果和重要性的总体评价。

兴趣是指人们力求认识、探究某种事物的心理倾向。

技能是指你能做什么。

通过回答以下几个问题，可以帮助同学们认清自己：

（1）自己的兴趣是什么？我对自己的哪些表现感到满意？

（2）别人眼中的我是一个怎样的人？

（3）我的优点是什么？我有什么条件与本钱？

（4）我的缺点是什么？我受到哪些生理和环境的限制？

（5）我的能力条件如何？我适合哪种性质的工作？

（6）我的价值观如何？我对工作的观点及态度如何？

（7）我的需求是什么？我的梦想与现实有何差距？

（8）对自己而言，什么是最重要的？我要追求怎样的人生？

20世纪70年代初期，心理学家约翰·霍兰德认为，就职业选择来说，兴趣是人格中最重要的部分，是匹配人与职业的依据。他提出了一个六角模型。他认为，大多数人都可以被归类为六种类型中的一种：实用型、研究型、艺术型、社会型、企业型、事务型。

实用型的人：情绪稳定，有耐性，坦诚直率，宁愿行动不喜多言，喜欢在讲求实际、需要动手的环境中从事明确固定的工作，依既定的规则一步一步地制造完成有实际用途的物品。对机械和工具等较有兴趣。生活上以实用为重，比较喜欢独自做事。喜欢从事机械、电子、土木建筑、农业等工作。

研究型的人：善于观察、思考、分析、推理，喜欢用头脑依据自己的步调解决问题，并刨根问底。不喜欢别人给他指引，工作时也不喜欢有很多规矩和时间压力，做事时能提出新的方法和策略，但对实际解决问题的细节较无兴趣。喜欢从事生物、化学、医药、数学、天文等工作。

艺术型的人：直觉敏锐，善于表达和创新，希望借文字、声音、色彩或形式来表达创造力和感受。喜欢独立工作，在无拘无束的环境下工作效率最好，但不愿被忽视。生活的目的就是创造不同的事物，不喜欢管人和被人管，和朋友的关系比较随和。喜欢从事音乐、写作、戏剧、设计、舞蹈等工作。

社会型的人：对人和善，容易相处，关心自己和别人的感受，喜欢倾听和了解别人，也愿意付出时间和精力去解决别人的冲突，喜欢教导别人，并帮助他人成长。不喜欢竞争，喜欢大家一起做事，一起为团体尽力。交友广泛，关心别人胜过关心自己。喜欢从事教师、社会工作、医护等工作。

企业型的人：精力旺盛，生活紧凑，好冒险竞争，做事有计划并立刻行动。不愿花太多时间仔细思考。希望拥有权力去改善不合理的事。善用说服力和组织能力。希望自己的表现被他人肯定并成为团体的焦点人物。不满足于现阶段的成就，也要求别人跟他一起努力。喜欢从事管理、销售、司法等工作和从政。

事务型的人：个性谨慎，做事讲求规矩和精确，喜欢在有清楚规范的环境下工作。做事按部就班、精打细算，给人的感觉是有效率、精确、仔细、可靠而又有信用。生活哲学是稳扎稳打，不喜欢改变或创新，也不喜欢冒险或领导他人。会选择和自己志趣相投的人成为好朋友。喜欢从事银行、金融、会计、秘书等工作。

选择合适生涯的程序

CASVE循环图可以为同学们作出适宜的生涯选择提供参考。

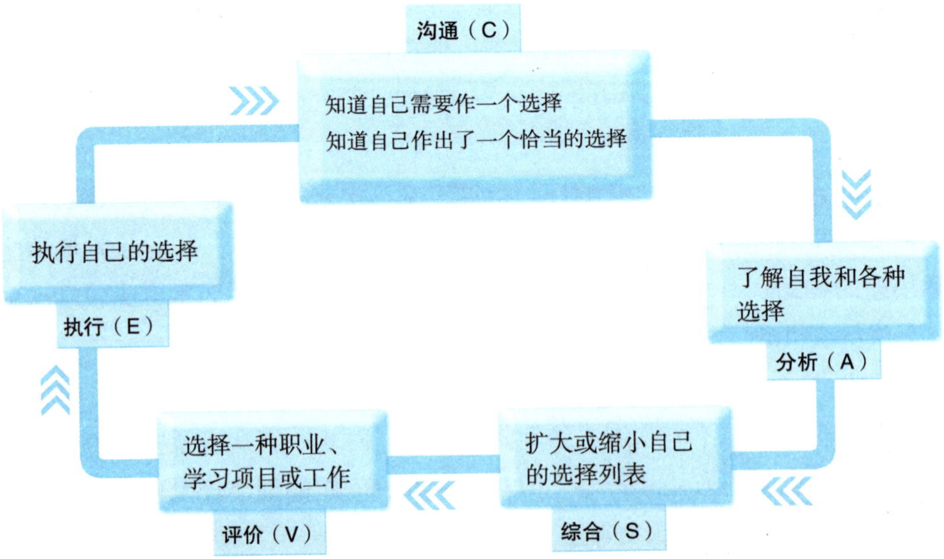

1. 知道自己需要作一个选择

示例：

我需要在文科和理科之间作出选择。

· 朋友和亲戚的意见：

我的老师说如果我不尽快作一个决定的话，就会有问题。

· 自己的感受：

我很害怕为自己承担责任。

· 回避问题：

我将在下周开始考虑。

· 躯体的问题：

我觉得很心烦，没有胃口。

2. 了解自己和各种选择

（1）了解自己，比如：自己的价值观；自己的兴趣；自己的技能。

（2）了解职业、学习项目或者工作。

了解特定的职业、学习项目或者工作；了解特定的职业、学习项目或者工作是怎么组织的。

（3）了解自己是怎么作出重要决策的。

（4）了解自己是如何思考决策的。

这包括自我对话、自我觉察、觉察到并能控制自我对话。

3. 扩大或缩小自己的选择列表

找出适合自己的价值观、兴趣和技能的职业、学习项目或者工作，并通过从“了解自我和各种选择”中学到的方法选出3～5种职业、学习项目或者工作。

4. 选择一种职业、学习项目或工作

（1）首先考虑每个职业、学习项目或者工作对于以下对象的代价和收益：

你自己、你的家庭、你的文化群体、你的社区或者社会。

（2）评定职业、学习项目或者工作的等级。

（3）作出选择。

（4）作出第二选择，以防第一选择出问题。

5. 执行自己的选择

计划——制订出获得教育或者培训的计划。

尝试——获得工作经验（全职、兼职或者做志愿者），通过上课或者培训来检验自己的选择。

申请——提出申请并得到工作。

6. 知道自己作出了一个恰当的选择

要想知道自己是否作出了恰当的选择，就得问自己几个问题：

事情是否已经发生了改变？

我的朋友和亲戚对我的选择有什么反应？

我现在感觉怎样？

我是否回避某些应该做的事？

活动

职业大调查

目的要求

体验职业选择的过程，初步掌握职业选择的方法。

方法步骤

1. 请考虑一下你喜欢的3种职业，看看你最看重这些职业的什么方面，并和其他同学交流。

(1) 工资高。
(2) 福利好。
(3) 工作容易找。
(4) 工作环境好。
(5) 工作稳定。
(6) 能提供较好的受教育机会。
(7) 有较高的社会地位。
(8) 工作轻松。
(9) 能充分发挥自己的才能。
(10) 工作符合自己的兴趣。
(11) 人缘好。
(12) 工作的社会意义大。

	名称	你最看重的方面
职业1：	________	________
职业2：	________	________
职业3：	________	________

2. 从3个选择中，任意选1个，向父母或有关在职人员了解这个职业。

3. 查阅有关资料，了解这个职业。

4. 根据你的询问和查阅的资料，写一份关于这个职业的小报告，并与大家交流。

讨论

你认为替别人打工好，还是自己创业好？为什么？

知识链接

舒伯的生涯发展理论

舒伯根据自己“生涯发展形态研究”的结果，将生涯发展阶段划分为成长、探索、建立、维持与衰退五个阶段。

成长阶段：出生至14岁。该阶段孩童开始发展自我概念，开始以各种不同的方式来表达自己的需要，并且通过对现实世界的不断尝试，修饰自己的角色。

这个阶段发展的任务是：发展自我形象，发展对工作世界的正确态度，并了解工作的意义。这个阶段共包括三个时期：一是幻想期（4岁至10岁），它以“需要”为主要考虑因素，在这个时期幻想中的角色扮演很重要；二是兴趣期（11岁至12岁），它以“喜好”为主要考虑因素，喜好是个体抱负与活动的主要决定因素；三是能力期（13岁至14岁），它以“能力”为主要考虑因素，能力逐渐具有重要作用。

探索阶段：15岁至24岁。该阶段的青少年，通过学校的活动、社团休闲活动、打零工等机会，对自我能力及角色、职业作了一番探索，因此选择职业时有较大弹性。

这个阶段发展的任务是：使职业偏好逐渐具体化、特定化并实现职业偏好。这个阶段共包括三个时期：一是试探期（15岁至17岁），考虑需要、兴趣、能力及机会，作暂时的决定，并在幻想、讨论、课业及工作中加以尝试；二是过渡期（18岁至21岁），进入就业市场或专业训练，更重视现实，并力图实现自我观念，将一般性的选择转为特定的选择；三是试验并稍作承诺期（22岁至24岁），生涯初步确定并试验其成为长期职业生活的可能性，若不适合则可能再经历上述各时期以确定方向。

建立阶段：25岁至44岁。由于通过上一阶段的尝试，不合适者会谋求变迁或作其他探索，因此该阶段较能确定在整个事业生涯中属于自己的“位子”，并在31岁至40岁，开始考虑如何保住这个“位子”，并固定下来。

这个阶段发展的任务是：统整、稳固并求上进。这个阶段又可细分为两个时期：一是试验—承诺稳定期（25岁至30岁），此时个体寻求安定，也可能因生活或工作的若干变动而尚未感到满意；二是建立期（31岁至44岁），此时个体致力于工作上的稳固，大部分人处于最具创意时期，由于资深往往业绩优良。

维持阶段：45岁至65岁。这一阶段个体仍希望继续维持属于他的工作“位子”，同时会面对新的人员的挑战。

这一阶段发展的任务是：维持既有成就与地位。

衰退阶段：65岁以上。此阶段由于生理及心理机能日渐衰退，个体不得不面对现实，从积极参与到隐退。这一阶段往往注重发展新的角色，寻求不同方式以替代和满足需求。

在上述舒伯的生涯发展阶段中，每一阶段都有一些特定的发展任务需要完成，每一阶段需达到一定的发展水准或成就水准，而且前一阶段发展任务的达成与否关系到后一阶段的发展。

在之后的研究岁月中，舒伯对发展任务的看法又向前跨了一步。他认为在人一生的生涯发展中，各个阶段同样要面对成长、探索、建立、维持和衰退的问题，因而形成“成长—探索—建立—维持—衰退”的循环。

十六

网络生活　警惕陷阱

一名沉迷于网络游戏虚拟世界的13岁男孩小艺（化名），选择一种特别的造型告别了现实世界：站在天津市塘沽区海河外滩一栋24层高楼顶上，双臂平伸，双脚交叉成飞天姿势，纵身跃起朝着东南方向的大海“飞”去，去追寻网络游戏中的那些英雄朋友：大第安、泰兰德、复仇天神以及守望者……

当时目睹这一惨剧的一位清洁工，事后这样向记者感叹：“我从来没看见过这样一种奇怪的自杀，设计好那么标准的飞天姿势，而且带着笑，毫无痛苦！”

2006年5月4日晚上，在游戏中叫做“崽子”、“小眼”和“残影少爷”的3人在一款网络游戏中组队打怪。他们在游戏中将一个怪物打死后，从怪物身上掉下一把武器，而这把武器被“残影少爷”捡走了。随后，“崽子”、“小眼”与在另一网吧的“残影少爷”在网上交谈，商量用一个装备换这把武器，但遭到“残影少爷”的拒绝。

这时，和“残影少爷”在同一网吧的网名叫“见人就杀”的插了进来，并说了一些脏话。随后，双方在网上争吵起来，并且越骂越狠。

当晚10点多钟，近20个年轻人手里拎着各种“家伙”，直奔“见人就杀”所在的网吧。看到这情形，网吧的一名工作人员准备将网吧门关上，却被这些人一脚踹开，随后他们气势汹汹地冲进网吧，并且大喊：“谁是‘见人就杀’，有种的给我站出来。”但是网吧内无人吱声。见无人应声，这些年轻人竟然开始殴打网吧内的上网者，有反抗的，他们就刀棍相加。几分钟内，5名网吧内的人员被砍伤。

由于网络具有丰富性、实用性、共享性、便捷性、开放性、经济性和娱乐性等特点，越来越多的中学生开始喜欢上网，但是网络上也充斥着大量的有害信息和不良信息，我们要充分认识到网络的负面作用，防止陷入网络陷阱。

抵制网络色情

网络上有许多违法的色情网站，危害、腐蚀身心健康，人称“电子海洛因”。

小军就是一名曾经受到黄色信息毒害，如今终于走出歧途的孩子。谈到过去的经历，他至今还有些心有余悸。他告诉记者，初二那年，在一个网友的怂恿下他第一次浏览了黄色网站，从此生活发生了巨大的变化。由于无法抵制色情画面的诱惑，每次上网都会情不自禁地寻找类似的网站观看。渐渐地，他无心学习，成绩急速下滑，一度到了要退学的边缘。幸运的是小军在老师和家长的帮助下逐渐远离了那些黄色网站，重新找回了自己。

避免网络成瘾

小磊，某校高一学生。因考上了重点高中，父母给他买了一台电脑作为奖励。当时正值暑假，小磊上网时间逐渐增加，甚至忘了吃饭，而且主要在玩游戏。开学以后，这种情况并没有减少，已经严重影响学习。父母加以阻止，并要求他减少上网时间。刚开始一周他还能坚持，之后又故态复萌，甚至作业都不能完成。在小磊上网时间过长时，父亲强硬制止，他异常不满，以摔东西、绝食来抗议，最终以父母妥协而告终。以后上网时间更长，父母的阻止丝毫不起作用，甚至发展到父亲阻止而引来双方动手。后来，父亲干脆在电脑上设置了密码，甚至拔掉了网线。小磊非常气愤，于是省下零用钱，偷偷到外面的网吧去上网。而且脾气暴躁，不与父母沟通。

"网瘾症"，即"网络成瘾综合征"（简称IAD），医学上又称"病态性使用互联网"（简称PIU），是指因患者对互联网过度依赖而导致的明显心理异常症状以及与此相伴的生理受损现象。大量的事实表明，上网同吸毒类似，都会上瘾，一旦上瘾将难以自制，导致荒废学业或迷失正常的生活目标，甚至出现为了上网撒谎欺骗、盗窃抢劫的情况。

根据2005年中国青少年网络协会发布的《中国青少年网瘾数据报告》，目前我国网瘾青少年约占青少年网民总数的13.2%，而13岁至17岁的中学生群体成为"网瘾重灾区"。根据医学观察，青少年网络成瘾的危害性非常大，主要表现在四个方面：

（1）生理方面。青少年患上网瘾后，开始只是精神依赖，以后便发展为躯体依赖，表现为情绪低落、疲乏无力、食欲不振。由于上网时间过长，大脑高度兴奋，导致一系列复杂的生理变化，尤其是植物神经功能紊乱，机体免疫功能降低，由此诱发心血管疾病、焦虑症、抑郁症等；同时，引发视力下降、眼痛、怕光等。

（2）心理方面。青少年患网瘾后，难以控制上网冲动，学习注意力不集中，记忆力减退，逻辑思维迟钝；自我封闭，为人冷漠，人格异化。据中央电视台一个访谈节目介绍，一位少年上网不归，其45岁的父母骑摩托车到处寻找，不慎因车祸双双而亡，有人问他是否感觉内疚，他居然回答说反正父母早晚都要死。

（3）道德方面。青少年网络成瘾者缺少现实中与人交往的能力，加之缺乏道德自律，容易在网络游戏、黄色网站中放纵欲望。在一项对近3000名青少年的调查中，承认访问过色情网站的青少年占46.9%。

（4）行为方面。网瘾青少年的人格易发生明显变化，为了持续上网，他们往往不择手段，不惜欺骗父母、偷窃、抢劫。网络游戏最直接的危害就是耽误青少年的正常学习，致其不能集中精力听课，成绩下降，甚至逃课、辍学。据华东某高校对237名退学试读和留级学生的调查，有80%的学生是因为迷恋网络而导致成绩下降。“近年来，青少年犯罪案件占各类案件总数的60%至70%，而其中又有60%至70%的少年犯沉迷网络，他们中大部分人犯罪的直接原因是上网成瘾。”中国公安大学教授王大伟说。

警惕网络诈骗

网络诈骗常见的手法有七种：

（1）以购物为由实施诈骗。不法分子建立虚假购物网站或在知名购物网站上发布虚假信息，以“低价品”、“走私货”、“慈善义卖”等名义吸引消费者，以要求消费者先付款等手段骗取钱财。

（2）以网站提供“六合彩特码”或在线注册观看淫秽品等方式，诱骗网民交费。

（3）发布虚假“中奖”信息，要求先交纳税款。

（4）以“招聘”为由，套取求职者信息，向其亲朋好友实施诈骗，或向求职者索要押金。

（5）冒充亲朋好友实施诈骗。不法分子采用木马等黑客手段获取网络用户账号密码，操作用户的QQ等聊天工具，冒充亲朋好友，发出“求救汇款”信息行骗。

（6）“网络钓鱼”诈骗。不法分子利用欺骗性的电子邮件和伪造的互联网站进行诈骗活动，获得受骗者的银行卡号、密码等财务信息进而窃取资金。

（7）以“网上游戏装备交易、私下买卖QQ”为由实施的诈骗。不法分子采用不经网络游戏运营公司认证的方式，私下交易网游装备或QQ号，在收到受骗者钱财后，又通过安全保护措施找回网游装备或QQ号。

对付网络陷阱的妙招

一些教育专家给出了远离网络“陷阱”的四大防范妙招：

（1）安装保护软件，以便过滤黄色、暴力内容。目前，在很多社区网络中心管理员都会事先设置好“防火墙”等保护措施，使上网时远离黄毒。也可以用屏蔽类软件在家里的电脑上设置防护措施。

（2）控制上网时间和地点，不能让孩子无节制地上网。

（3）孩子自身要学会识别网络黄毒和网络陷阱，接触健康科学的性知识书籍。

（4）孩子要接受家长定期检查上网内容，培养健康的爱好和“上网观”。

此外，中小学生自己也应注意，上网交友时不能轻易说出自己的真实姓名、电话、住址、学校名称等个人信息，最好不与网友见面，对网上求爱者、谈话内容低俗者不予理睬。

活动

“网络成瘾综合征”（IAD）自测

目的要求

通过自测，了解自己对网络的依赖情况，防患于未然。

方法步骤

1. 用下列网络成瘾自测题进行自测（答“是”或“否”）。

（1）你是否对网络过于关注（如下网后还想着它）？

（2）你是否感觉需要不断增加上网时间才能感到满足？

（3）你是否难以减少或控制自己对网络的使用？

（4）你是否对家人或朋友遮掩自己对网络的着迷程度？

（5）你是否将上网作为摆脱烦恼和缓解不良情绪（如紧张、抑郁、无助）的方法？

（6）当你准备下线或停止使用网络的时候，你是否感到烦躁不安，无所适从？

（7）你是否由于上网影响了自己的学习状态或朋友关系？

（8）你是否常常为上网花很多钱？

（9）你上网的时间是否经常比预计的要长？

（10）停止上网时你是否觉得心情不好，而一上网就会来劲头？

2. 答一个“是”得1分，统计一下你的总分有多少。

A. 总分5分以下：你的网瘾不大

B. 总分5分和5分以上，低于8分：你的网瘾很大

C. 总分8分及8分以上：需要诊断是否患了IAD

讨论

1. 你的自测情况怎么样？如果总分在5分和5分以上，你打算怎么办？

2. 根据你听到或看到的网络成瘾案例，说说网络成瘾有哪些危害。

知识链接

中国《网络成瘾临床诊断标准》

一、对网络的使用有强烈的渴求或冲动感。

二、减少或停止上网时会出现周身不适、烦躁、易激怒、注意力不集中、睡眠障碍等戒断反应。上述戒断反应可通过使用其他类似的电子媒介，如电视、掌上游戏机等来缓解。

三、下述5条内至少符合1条：

1. 为达到满足感而不断增加使用网络的时间和投入的程度；

2. 使用网络的开始、结束及持续时间难以控制，经多次努力后均未成功；

3. 固执地使用网络而不顾其明显的危害性后果，即使知道网络使用的危害仍难以停止；

4. 因使用网络而减少或放弃了其他的兴趣、娱乐或社交活动；

5. 将使用网络作为一种逃避问题或缓解不良情绪的途径。

网络成瘾的病程标准为平均每日连续使用网络时间达到或超过6个小时，且符合症状标准已达到或超过3个月。

美国评估网瘾的标准

1. 每个月上网时间超过144小时，即一天4小时以上。
2. 头脑中一直浮现和网络有关的事。
3. 无法抑制上网的冲动。
4. 上网是为逃避现实、戒除焦虑。
5. 不敢和亲人说明上网的时间。
6. 因上网造成课业及人际关系的问题。
7. 上网时间往往比自己预计的时间久。
8. 花许多钱更新网络设备或上网。
9. 花更多时间在网上才能满足。

以上9项，只要有5项以上的回答为“是”，即说明上网成瘾。

十七

适度识性　预防伤害

认识性伤害

1. 以下叙述中，哪些属于性伤害？为什么？

（1）在舞会上，跳舞的人很多，男舞伴趁机抚摸小红的下体和胸部。

（2）郊游下山途中，小英不小心滚下山坡，眼看就要掉下悬崖，这时一陌生男子猛跳出来，紧紧抱住了小英。

（3）在医院诊室内，男女医生正在给病人看病，一位男医生让小华露出胸部检查。

（4）17岁的小玲长得又高又漂亮，某公司请她当模特，并要求给她拍全裸照。

（5）16岁的小强刚刚放学回家，发现叔叔正在看色情录像，叔叔要求小强与他一起看。

（6）在满载乘客的公共汽车上，司机突然紧急刹车，乘客均站立不稳，一名男乘客撞到一位女乘客的胸部。

（7）小英认识了一位男士，该男士经常给她买好吃的东西。一次，该男士要给小英很多钱并提出性要求，小英拒绝，但该男士强行与她发生了性行为。

2. 个人判断。

对下列各问题作出个人判断，在相应的括号中打“√”。

（1）只有身体接触的性行为才能算是性伤害。　是（　）　非（　）

（2）只有实施性暴力才能算是性伤害。　是（　）　非（　）

（3）性伤害者都是陌生人。　是（　）　非（　）

（4）性伤害者都是男性。　是（　）　非（　）

（5）性伤害者都是未婚者或离婚者。　是（　）　非（　）

（6）性伤害者都是社会低下阶层的人。　是（　）　非（　）

（7）性伤害者从其外貌和行为上一看，就能辨认出来。　是（　）　非（　）

（8）性伤害者都是为了发泄性欲才实施性伤害。　是（　）　非（　）

（9）性伤害者大多都是身心有障碍者。　是（　）　非（　）

（10）受性伤害者都是女性。　是（　）　非（　）

（11）无论是在白天或晚上，都会发生性伤害。　是（　）　非（　）

（12）无论是在家里或外面，都可能发生性伤害。　是（　）　非（　）

性伤害的概念

为满足侵害者性欲或其他目的而通过暴力、欺骗、物质引诱、讨好或其他方法引导人进行性活动的行为，叫做性伤害。它包括有身体接触和没有身体接触的性侵害。

有身体接触的性侵害：例如非礼、强奸、乱伦、触摸受害者的隐私部位等。

没有身体接触的性侵害：例如强迫看色情电影、用猥亵言语挑逗、强迫露体、向别人露体和强迫拍摄裸体照片等。

性伤害对青少年的影响

1. 生理方面

（1）全身不适和疼痛。

（2）性器官损伤。

（3）可能感染性病与艾滋病。

（4）可能怀孕。

（5）失眠和噩梦，嗜食或厌食。

2. 心理方面

（1）产生扭曲的性心理。

（2）对人失去信任。

（3）产生严重的羞耻感和罪恶感。

（4）产生严重的无能力感。

（5）渴望别人爱护，但又觉得不配被人爱护。

（6）恐惧，有强烈的不安全感。

（7）自卑心极重，时常自怜自爱。

3. 人际关系方面

（1）对身边的人和事漠不关心，以冷漠来保护自己。

（2）难以信任别人。

（3）难与人建立亲密关系。

（4）觉得别人都对不起自己，认为其他人对他（她）所受的性侵犯未提供援助，致使自己受害。

（5）产生防卫心理，对人有恨意及敌意。

（6）影响成年后与异性交往的能力。

4. 行为方面

（1）视自己为“已糟蹋了的货物”，自暴自弃。

（2）厌食或暴食。

（3）很怕别人接触到自己的身体。

预防青少年性伤害

1. 提高警惕，增强自我防护意识

活动

“少年特工”

2003年5月，一个阳光灿烂的日子，上海某大学女生晓芸准备去同学家温习功课。正当她走在热闹繁华的马路上时，突然有一名陌生的男青年从后面追上她，对她说：“小姐，能耽误您几分钟时间吗？”莫名其妙的晓芸定睛一看，眼前这个男孩大概在16～18岁之间，穿着干净的牛仔裤和球鞋，一脸微笑，很阳光的样子。看到晓芸还有些疑惑，这个男孩赶紧说：“我叫王凯，是加拿大大学的留学生，这次受到上海市市长的邀请，专门来上海调查女大学生的一些自我防范意识以及消费观念。”他边说边给晓芸不停地鞠躬，还始终和晓芸保持几米的距离，这个彬彬有礼的年轻人很快给晓芸留下了良好的第一印象。

经过王凯的一番自我介绍，晓芸犹豫了一下，但还是同意接受他的调查。王凯从包里掏出笔和本子，煞有介事地问晓芸：“每个月的零花钱有多少？”“主要的花销是什么？”“有没有储蓄的观念？”每个问题晓芸都如实作出回答。随着调查的不断深入，王凯又询问晓芸：“您能把您肩上的背包交给我吗？”晓芸下意识捂紧自己

的黑色登山包，警觉地看着王凯。王凯笑了笑，说："别紧张，我只是想测试一下您的记忆能力，看看您能不能背出包里的东西。"把自己的包交给一个陌生人，晓芸还是有点顾虑。见此情景，王凯大方地把自己的包交给晓芸，说："把我的包放您这里，这下您应该放心了吧？"晓芸低头一眼就看见他的包里放着三部手机，既然有这么贵重的东西在自己手里，晓芸彻底放心了。

这项记忆测试很快结束，王凯把晓芸的包和包里的东西还给了晓芸。晓芸以为调查已经结束正准备离开时，王凯却又拦住她，并凑近晓芸放低声音神秘地说："其实我根本不是什么市长派来的，而是少年特工组织的成员。"晓芸听后惊讶地看着他。王凯看看周围没人，又伸出右手告诉晓芸："您知道吗，我手心里有块晶片，这可是全球定位系统，是证明我特工身份的唯一标志。"晓芸觉得这一切就像是好莱坞大片，立刻觉得眼前这个男孩充满神秘感。接着王凯继续滔滔不绝地说："我是受过特殊训练的，受组织委派专门来提取人体内的衣原体，这种衣原体就是用来对付SARS、艾滋病毒和癌症的。"晓芸越听越惊讶，但看着王凯真诚的样子，她还是没有怀疑王凯的身份。

看到晓芸放松了警惕，王凯又提出了下一步要求。他说："我希望能从您身上提取这种衣原体呢，希望您能配合。"对于突如其来的一切，晓芸感到又好奇又刺激，几乎没怎么犹豫就答应了王凯的要求。那天是个炎热的周末，晓芸跟着王凯穿过几条街，来到了一个小学校的围墙边。王凯从大门口向里望了望，校园里空空荡荡没有什么人。随后，在他的帮助下，晓芸和王凯翻墙进了学校，然后晓芸被带进了一个空无一人的教室，王凯开始了他所谓的提取过程。令晓芸惊讶的是，王凯没有使用任何医疗器械，却把她的衣服给脱了，很明显，他是想借调查为由和晓芸发生性关系。知道上当受骗的晓芸逃跑已经来不及了，此时的王凯已经露出了本来的面目，强行和晓芸发生了性关系。晓芸说，那一刻窗外知了震耳欲聋的叫声，永远留在了她的记忆中。

被强奸后的晓芸向警方报了案，接下来的几天，陆续有各高校的十几名女大学生向警方报案，都说自己被强奸，有的还被骗去了手机、银行卡。这个自称少年特工的骗子究竟是谁？很快，一个叫卢宾的男子跳入了警方视线。经过调查，警方确认卢宾两年前曾以香港高三学生的身份在上海做社会调查，对女学生实施诈骗。

很快，卢宾被民警抓获。犯罪嫌疑人卢宾，上海人，1985年出生，自称是加拿大大学留学生的卢宾其实只是个初中毕业生。一个初中毕业的男孩，竟然在短短的一年内骗了这么多正在接受高等教育的女大学生。这究竟是怎么回事？据受害的女生们说，王凯一开始十分礼貌，待人真诚，这是他阴谋成功的关键。为了建立这良好的第一印象，卢宾通常会选择大学校园、商场出入口等人流量较大不会引起怀疑的地方，一旦选定目标，他就会主动上前做自我介绍。同时，他必须掩饰自己的紧张和不良的企图。

卢宾知道目前公共场合各种类型的社会调查很多，而且通常都会遭到拒绝。为了让对方有兴趣接受他的调查，这个初中毕业的男孩往自己头上套了个留学生的光环，而且微笑始终挂在脸上。消除对方的戒备后，卢宾会先问一些简单的问题，然后以考查记忆力为名和受害人换包，让对方回答包里都带了些什么东西。而卢宾此时伺机准备偷钱，得手之后，卢宾会提出第三个问题，目的是为了引开对方的注意力然后逃之夭夭。如果他想继续骗下去，就会突然神秘地放低声音，说出他早想好的另一个身份："国际特工少年组"的副组长，到中国来取一些衣原体。

刚刚还是留学生，转眼之间又变成了一个特工，而且是寻找攻克SARS病毒和艾滋病毒、癌症的特工。卢宾这些荒诞的说法，天花乱坠的吹嘘，却赢得了许多女大学生的信任，丝毫没有防范心理就落入了危险的圈套。怀着险恶的用心，卢宾成功地利用了女大学生的同情心和好奇心，让她们相信自己所说的一切。之后，他就提出要找一个隐蔽的地方，以完成调查和衣原体提取工作，然后对当事人实施强奸。当事情没有如他所料顺利发展时，他就会采取其他手段。有时，他会亮出自己右手心里的一个长方形的青色印记，说是可以拍裸照的X光线，还有全球定位系统。然后卢宾利用女学生害怕声张的胆怯心理，威胁她们服从自己的要求。可事实上这个印记只是卢宾小时候不小心弄破手后留下的疤痕，而这么一个小小的疤痕却骗了不少女大学生。卢宾供认，他主要是骗一些女大学生、中专生和刚踏入社会的女性，她们的社会经验不足，自我防范意识比较低，很容易相信自己所不了解的事情。如果她们时刻提高警惕，就不会上当受骗了。

——材料源自CCTV《今日说法》

讨论

1. 在整个案件的发展过程中，女大学生是如何一步步走进骗局的？
2. 女青年被骗的原因有哪些？
3. 如何防范此类和平时期的灾难？

活动

情景讨论

1. 小玫利用暑假回县城看望奶奶。县城几年来的变化很吸引她，她一个人到处走走看看，离奶奶家越来越远了，突然遇到一位姑娘，非常亲切，与她很谈得来。在谈话中，那姑娘说要带她去更好玩的地方，而且还可以得到很多钱。

2. 小英长着一副健美的身材，一天放学回家，遇到一个陌生男人，自称是某广告公司的。他说小英很有气质，非常适合拍摄服装广告，并邀她去摄影棚试镜，还答应拍后给她一笔钱。

3. 小丽和小颖参加完活动后，在公共汽车站等了很久没有车到站，这时有一陌生人驱车而至，告诉她们这里公共汽车班次很少，表示可以顺路载她们一程。

4. 小红参加了一次卡拉OK舞会，很多人都说她的舞姿出众，为了表示欣赏，请她喝饮料。又有人建议每人吃一丸药，说服药后会更兴奋，舞跳得更好。

5. 小霞与一位网友相交已有数月，双方交换了不少资料，觉得很投缘。一天，网友表示非常想与小霞见面，并邀她共进晚餐，希望能进一步交往。

6. 邻居的一个小伙子平时对小梅总有些动手动脚的行为，还经常送给她一些小东西，小梅对他有些欣赏，欣赏什么也说不清。一天，那小伙子对小梅说，他父母都不在家，邀请她到他家里看他新买的碟。

讨论

1. 上述情景中可能存在的危险分别有哪些？
2. 假如你是上述情景中的当事人，你准备如何保护自己？

为了避免性伤害，我们要时刻记住以下几条：

（1）不要想非分之财，谢绝陌生人的邀请。

（2）不要离开集体，单独与陌生人或新朋友去不了解的地方。

（3）外出时不要接受陌生人给的饮料、食品、烟酒等。

（4）有活动或约会时，要告诉家人自己的去向。

（5）发现有可疑情况要及时向老师或家长讲明。

2. 学会拒绝的技巧

进入高中阶段，与异性交往、建立异性友谊都是正常的，健康的异性交往和异性友谊体现着真诚、信赖、相互帮助、相互学习、相互鼓舞、共同进步，有利于塑造高尚的人格和健全的性别角色，是青少年健康成长的需要。但是，由于青少年对人生的体验尚浅，生活经历少，缺乏自制能力，更缺乏心理抵御能力。在体内性激素的驱动下，在外界各种不健康的媒体信息的诱惑下，有人会向异性提出性要求，甚至踏入不健康的性领域。这不但严重地影响了自己身心的健康成长，也给学校、家庭和社会带来危害。我们遇到这种情况时应该坚决拒绝，并要考虑技巧，应做到以下几点：

（1）直接拒绝。

（2）态度要坚定，让对方打消念头。绝不能暧昧，模棱两可，使对方还抱有一线希望。

（3）在拒绝的同时，要讲明拒绝的理由。告诉对方“那种事”不是学生应该做的，是长大成人结婚后的事情，我们现在的任务是集中精力好好学习，长知识，长才干，将来才能成才；如果现在做了“那种事”，不但给个人生理和心理造成巨大伤害，而且家长、学校和社会都是不能接受的，也违背性道德规范和社会行为准则，败坏社会风气；我们应该自尊、自爱、自重。

（4）如果对方能接受你的拒绝要求，就要尊重对方人格，不要挖苦、打击和嘲笑，更不要向别人揭露对方的这一隐私。只要对方不再重提旧事，还是好同学、好朋友。

（5）如果向对方讲清拒绝理由后，对方不能接受，仍不断进行纠缠，就要及时告诉老师和家长，以免发生意外。

3. 进行必要的防卫

如果遭遇到任何人的性伤害时，首先要冷静下来，不能慌张，要充满信心进行摆脱。如能有这种心理准备，无论体能大小，都会增加摆脱的机会。也可以尝试进行必要的防卫，在适当时机进行反击，让性侵害者不敢轻举妄动。

（1）大声喊叫。当坏人要伤害你时，往往威胁说：“不准叫！否则我打死你！”这表明坏人最怕你喊叫，而你就可以立刻大声喊叫：“有坏人啊！救命啊！”坏人是做贼心虚的，你这一喊叫就有可能阻止坏人的主观恶性继续加深，同时还能使人闻声赶来救助。

如果坏人在屋内准备要伤害你，而你的喊叫别人又听不到时，你可以随手拿起坚硬的东西砸破窗玻璃，砸玻璃的响声是很大的，而且传得很远，再加上你的喊叫，这很容易引起别人的注意。而且你的这些举动也可能把坏人吓跑。

（2）抓土迷眼。当你在路上遭遇到坏人，喊叫无人，就应快速逃跑。坏人紧追不舍，你觉得逃不脱时，就假装摔倒，在不让坏人看到的情况下随手抓起一把土，当坏人接近你时，突然快速、用力地把土撒向坏人的眼睛。如果已经被坏人抱住，在地上扭打时，你也应就地抓土迷坏人的眼睛。趁坏人迷眼之机快速逃离现场。为防止性伤害，女性还可以在口袋或书包里常备些食盐，必要时应用。

（3）猛踩脚背。当坏人从前面或从后面将你紧紧抱住时，你可找准机会，使出最大力量用脚跟猛踩坏人的脚背，使坏人感到十分疼痛而松手。

（4）猛撞下体。男性下体的睾丸是最怕撞击的部位，一旦受到较大的撞击，就会疼痛难忍并摔倒在地。当你被坏人抓住时，寻找机会调整好体位，使出最大力量，用膝盖或用脚、肘猛击坏人的下体，使坏人疼痛松手。

（5）极力反抗。当遭遇坏人性伤害时，一定要胆大不慌张，想尽一切办法进行反抗。例如，撕破坏人的衣服；狠抓坏人的面部，要抓得狠、抓破；用手指猛戳坏人的眼睛；用牙咬任何能咬住的地方，而且要咬得狠，等等。这样做使坏人感到你不是那么好摆布的，会使你减少遭受性伤害的可能。

总之，女性青少年首先要增强性伤害防护意识，避免遭受性伤害；万一遭遇到性伤害，一定要沉着、冷静、胆大，进行必要防卫，灵活使用上述方法。事后应立即告诉老师和家长，并向公安机关报案，提供线索，以便惩治坏人。

遭受性伤害后的处理

1. 处理方法

认真辨析下列行为，在你认为遭受性伤害后应该做的事情后面打“√”。

（1）扔掉事发时的物品，例如被坏人撕破的内衣、内裤、被子等，以免被别人发现或自己看到更伤心。（　）

（2）立即报警。（　）

（3）事后担心怀孕，但不知道吃什么药，就硬着头皮到药店随便买些避孕药吃。（　）

（4）事后觉得太恶心，回家后立即洗澡，特别是对下体洗得更干净。（　）

（5）立即告诉家人或其他可信任的人。（　）

（6）由家人陪同尽快去医院检查身体。（　）

（7）记下事发的时间和地点。（　）

（8）回忆记下歹徒的相貌、服饰、体形和年龄等特征。（　）

（9）记住反抗时，撕、抓、咬在歹徒的哪些部位。（　）

（10）保留好从歹徒身上拉取下来的毛发、衣片和纽扣等。（　）

（11）找些亲友返回现场，惩治歹徒。（　）

（12）事后与歹徒谈判，让他进行赔偿，双方“私了”此事，这样也可保守秘密。（　）

（13）保留好沾有歹徒体液（唾液、精液）的衣物，为公安机关的侦破提供物证。（　）

万一遇上性伤害这种不幸事件，要知道这不是你的错，而是歹徒的罪过，一定不要惊慌或感到羞耻，要勇敢、镇定地面对现实。首先想办法告诉家人、老师或其他你信任的人，他们会帮助你处理此事，同时他们有责任对你的不幸保守秘密。

2. 对受害者的帮助

一旦知道自己身边的人遭遇性伤害后，首先应该明确这不是受害者的过错，而是性伤害者的罪过，受害者是无辜的。其次要理解她（他）的身心受到的巨大伤害，她（他）正经历着痛苦的煎熬，处于孤独、彷徨，甚至厌世之中。这时绝不能歧视、讽刺、挖苦或远离她（他），而应给以体谅、友好和温暖，让她（他）逐渐恢复自信心，勇敢地面对现实，并做好事后处理工作，修补创伤，恢复青春活力，与大家一起参与到朝气蓬勃的学习和生活中。

知识链接

认识性骚扰

下列情景中的同学碰到了什么麻烦事？

1. 小英生日的这一天，心里非常高兴，特地穿上了妈妈买的漂亮衣服。上学路上，碰到一伙男性，他们故意对着小英吹口哨，发出接吻的声音，还做出搂抱的姿势，小英非常尴尬难受。

2. 小玲正在上网聊天，突然发现对方话题变了，转而谈及自己的性经验，并描绘性行为，使小玲十分尴尬。

3. 小颖在校外一个体操培训班练习体操，教练经常在为她做体操运动保护的过程中，有意接触她的胸部。还不时挑剔她的动作错误，借故有意地握着小颖的手，搂着腰做示范，使小颖感到非常不自然、不舒服和不安。

4. 放假时，小李到同学家去玩，同学刚好外出了，只有他叔叔在，叔叔掏出他的外生殖器强拉小李的手去触摸。

5. 在公交车上，借着人多拥挤，有一个男子故意用生殖器顶一位女同学的臀部。

6. 一天放学后，在回家的路上，一群男性纠缠着小王，要求和小王交朋友，当遭到小王的拒绝后，便用一些下流的语言对她进行挑逗。

7. 邻居一位伯伯，只要单独和小林在一起时就借机摸她的脸、胸部或拍她的大腿，令她非常反感。

你的猜想是对的，这些同学都碰到了性骚扰。

性骚扰是指一种不受欢迎的带有性意识的接触，包括身体接触、语言接触和其他一些非语言行为。例如，不怀好意、令人感到不自在的注视；挑逗性的、带有污秽内容的语言、信件或电话；令人窘迫的紧贴或擦撞；猥亵的手势和下流的动作；强制性的约会和强迫性的亲昵等。这些行为令他人产生不舒服、不安、尴尬、受侮辱和不被尊重的感觉。具体包括：在异性面前说肮脏下流的黄色笑话；对异性身体的有意碰触；违反意愿的抚摸、摸捏；以及企图发生性关系等。

应如何预防性骚扰呢？

1. 坚决表明拒绝的态度，可大叫“讨厌”，不让对方有可乘之机。

2. 天下没有免费的午餐，不要贪小便宜。

3. 晚上不要单独外出。

4. 不穿过紧或过于裸露的服装。

5. 不随便到没有女性家长的同学家过夜。

十八

学会说不　拒绝毒品

右图为有关拒绝毒品的一张宣传画，图中列举了毒品的一些类型和吸毒导致的严重后果。

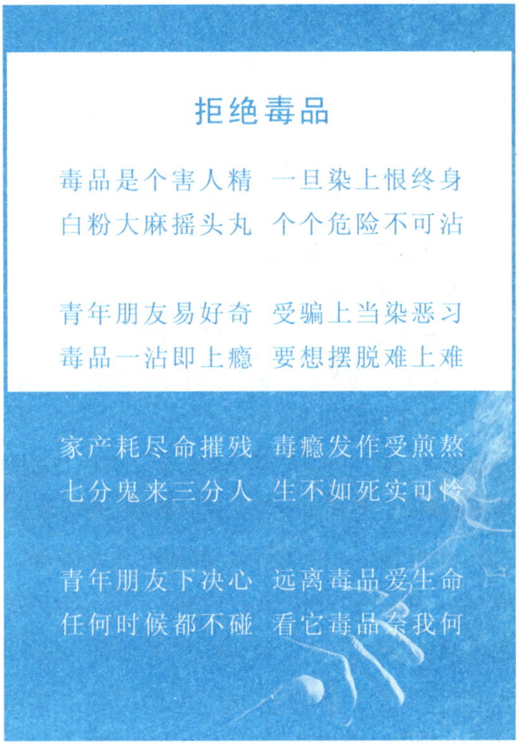

据相关资料统计，在国内吸毒人员中，青少年所占比例在80%以上。青少年为何容易沾染毒品？青少年怎样才能远离毒品？

莫让好奇心毁了自己

小钢假日与同学闲逛录像厅，见到有点燃的烟头在黑暗中一闪一闪，他立即敏感地意识到：吸毒。

同学催他赶快离开，但他想看一看“激情浪漫”、“令人神往”、“飘飘欲仙”的情景出现。

只见那少年举起手中的烟卷，神气地问他：“土老帽，见过吗？洋货！”他一阵气愤涌上心头，但又有点遗憾自己从未碰过那玩意儿，不过还是说了一句：“有什么了不起，不就是一支含毒品的香烟吗？”

那少年讽刺：“白痴也知道这是什么。你有没有？敢不敢抽？不敢吧！”一向好胜的他被激怒了。抢过来，吸了一口，被呛得咳嗽，有点头昏，同学急得大喊：“你别犯傻，会送命的。”

为了显示能耐，表现英雄气概，小钢又连抽了几口，那少年翘起拇指说：“有种！”小钢开怀地笑了。

事后，他要求同学别告诉家长、老师，保证以后不干这事。

但两天以后，小钢忍不住去找那少年买“烟”了，从此与毒品结下了不解之缘。

小钢在戒毒所写下了这样的忏悔语：追求新奇是我们青少年的特点，但用在什么事情上却值得深思。达尔文用在生物科学上，成了伟人。我对毒品好奇，亲口尝试，谁知吸了第一口，很难有最后一口，终于染上毒瘾。自尊是人所必需的，不分是非，逞强好胜，争面子，那不是自尊，是虚荣、自负，是自贬。我为了得到不良少年的“尊重”，置同学正确的劝告于不顾，为了保住面子，不让父母、老师知道，结果丧失了自尊。好奇与虚荣，使我输掉了自己的身体和前途，被一支烟改写了人生，这代价实在太沉重了。

据统计，吸毒的青少年中，70%以上是因为好奇而染上毒瘾的。有的抱着“找一下吸毒的感觉”、“抽着玩玩”、“尝尝新鲜”等念头，有些青少年的心理则是“我只想知道吸毒是怎么回事”、“我不信它有那么神”、“吸一口不要紧”，而在毒品面前放任自己的好奇心，这就好比在悬崖边抬脚试探崖底有多深一样危险。

不要轻信“多功能特效药”

小斌，某市三好学生，学习刻苦用功，有头痛的毛病。

一天头痛，他去医院看病，途中碰上父母的老朋友黄叔叔。黄叔叔一听小斌去看病，便告之自己有“特效药”，能迅速止痛，且有健身、益脑、增强智力的功效。小斌想，如此多功能的药，实在难求，值得一试。

一吃果然头就不痛了，似乎精神也为之一振。两天后，他的头痛病又犯了，便逃学去找黄叔叔要药。可黄某变了一个面孔，冷冰冰地说：“要药，拿钱来，不能白给。”

于是他用班级订报的钱买了这不知名的“多功能特效药”。以后他骗钱、偷钱买“药”，学习成绩直线下降，人也变得骨瘦如柴。家长、老师百思不得其解，焦虑不安，直到民警发现黄某贩卖的正是毒品。黄某受到了法律的制裁，而小斌也走进了戒毒所。

一些贩毒分子将毒品伪装成保健品，吹嘘有健身、增强智力等功效，向青少年兜售，使许多青少年在对毒品一无所知的情况下就沾染上了。他们开始是大肆吹嘘毒品的“神奇”作用，引起青少年的好奇心和兴趣，继而白送一点给他们服食。等他们上瘾后，就逼使他们去偷、抢、骗钱来买毒品。最后，上瘾的青少年无论如何也离不开他们了，青少年手中的钱也就源源不断地流入毒贩子的腰包。黄某之类的毒贩最终会被绳之以法，但孩子们的身心创伤、前途损害又有谁能弥补呢！

说“不”的技能

在日常生活中，每个人或多或少都会受到一些不正确、不健康的事物的引诱，对不安全的行为我们应该学会辨别，并果断地拒绝。

拒绝一件事情除了要有清醒的认识和坚定的立场外，还应该有好的技巧。不善于拒绝，就有可能得罪一个多年的深交，善于使用技巧，尽管天天都在拒绝，仍能广交朋友。如果你掌握了一些必要的拒绝技巧，那么在生活、学习、工作中就能应对各种复杂的事情，既可符合自己的意愿，又能避免非议和埋怨，处理好人际关系。

每个人可以根据具体的环境、人物以及自己的性格选择合适的拒绝方法。

下面介绍几种拒绝技巧：

直接说“不”

妙用借口

转移话题

提出新建议

活动

拒绝第一支烟

目的要求

初步学会权衡利弊，学会考虑短期和长期后果，以及影响他人的后果，学会因果分析法，作出明智的决定。

方法步骤

1．练习权衡利弊的技能。

问题情景：小明在课间去洗手间时，无意中发现同班同学小辉躲在里面吸烟，小辉热情地抽出一支烟来，递给小明，小明该不该接受呢？

小明有哪些可能的选择来处理这件事？请填写在下面的横线上，并在相应表格中填写出这种选择的利和弊。

选择1：________　　选择2：________

	利	弊
选择1		
选择2		

2．练习考虑短期和长期后果，以及影响他人的后果的技能。

问题情景：小明在放学回家的路上，遇到一个陌生人，陌生人对小明说："朋友，上学很累吧！我这里有一种烟（含毒品），吸一支，你就全身都轻松了。这包给你，拿去尝一尝吧。"

小明有哪些可能的选择来处理这件事？这些选择会有哪些短期后果和长期后果？这些后果对别人有什么影响？请填写在下表中：

可能的选择	短期后果	长期后果	对别人的影响

3．练习因果分析法的技能。

把准备作出的决定写在中间，把作出这种决定的原因写在左侧，可能出现的结果写在右侧，通过反复分析权衡以后再作最后决定，这种方法叫做因果分析法。如：

原因	决　定	结果
	拒绝朋友散发的香烟	

作决定时一般按照下列3个步骤：

尽量收集、罗列来自多方面的信息和意见；

寻找可信赖的朋友或长者进行咨询；

反复分析因果关系图。

讨论

1. 遇到难以决定的问题时，首先要权衡利弊，这对你作决定有何意义？
2. 综合利弊的分析，小明的哪一个选择是明智的决定？
3. 为什么在作决定之前停下来想想长期后果是重要的？

知识链接

如何识别瘾君子

染上毒瘾一般有以下迹象：

1. 无故旷工、旷课，学习成绩、纪律或工作表现突然变坏。
2. 在家中或单位偷窃钱财、物品，或突然频频地向父母或朋友索要钱或借钱。
3. 长时间躲在自己的房间内，或远离家人、他人，不愿见人。
4. 外出行动表现神秘鬼祟。
5. 藏有毒品及吸毒工具（如注射器、锡纸、切断的吸管、羹匙、烟斗等）。
6. 遮掩收缩的瞳孔，在不适当的场合配戴太阳镜。
7. 为掩盖手臂上的注射针孔，长期穿着长袖衣。
8. 面色灰暗，眼睛无神，食欲不振，身体消瘦。
9. 情绪不稳定，异常发怒、发脾气，坐立不安，睡眠差。
10. 经常无故出入偏僻的地方，与吸毒者交往。

十九

阳光心态　幸福人生

古今中外，幸福都是人们关心的问题：哪种人更容易幸福？过什么样的生活，人更容易幸福？我算不算这个社会上幸福的人中的一个？

美国《纽约时报》曾举行过一次最幸福的人评选活动，当时采用了读者推荐投票，再加个人采访相结合的方法进行。结果得冠军的最幸福的人并不是比尔·盖茨这样的世界首富，也不是文体明星或其他成功人士，而是纽约时代广场上一个卖唱的黑人歌手。由此可见，幸福和人的收入、社会成就并不成正比，关键是一种心理感受。

什么是幸福

《现代汉语词典》上对幸福的解释是：使人心情舒畅的境遇和生活；（生活、境遇）称心如意。

旧时代把“久旱逢甘雨，他乡遇故知，洞房花烛夜，金榜题名时”作为人生四件最幸福的事。

缅甸古都曼德勒的一座著名寺院中，一面大鼓上刻着一行巴利语，中文译为“胜利”。但这并不是指战争中的胜利，这个词代表的是“宁静”。在佛陀的教导中，真正的胜利和幸福在于内心的宁静。这一内在永恒的宁静，来源于对自己的战胜。

在许多版本的政治课本中，马克思主义分阶级论述的幸福观是这样的：追求幸福是人们的普遍愿望，但剥削阶级把个人幸福看得高于一切，并把个人幸福建立在被剥削阶级的痛苦之上。无产阶级则把争取广大人民的幸福和实现全人类的解放看作最大的幸福，认为幸福不仅包括物质生活，也包括精神生活；个人幸福依赖于集体幸福，集体幸福高于个人幸福；幸福不仅在于享受，而主要在于劳动和创造。

古希腊的伊壁鸠鲁认为：快乐就是最高的目的。

孔子赞赏的幸福观是：莫春者，春服既成，冠者五六人，童子六七人，浴乎沂，风乎舞雩，咏而归。

英国哲学家罗素是这样认为的：对于绝大多数人来说，某些东西是不可缺少的，但这些东西也很简单：衣食住行、健康、爱情、成功的工作和来自同伴们的尊敬。对某些人来说，为人父母也是很必需的。缺少这些东西时，只有不平常的人才有可能获得幸福。但如果一个人并不缺少这些东西，或通过一番并不大的努力能够获得它们，但他仍然感到不幸福时，那他肯定有着某种心理上的失调。

作为普通人的演员范伟在《马大帅》里说，幸福就是：我饿了，看见别人手里拿个肉包子，他就比我幸福；我冷了，看见别人穿了件厚棉袄，他就比我幸福；我想上茅房，就一个坑，你蹲那儿了，你就比我幸福。

"5·12"汶川大地震后，侥幸逃过一劫的人都有这样的感慨：活着真幸福！

从以上的叙述中我们也可看出，对于幸福的概念各人有各人的理解，对于幸福的感受各人有各人的描述，一百个人有一百种不同的幸福观。

家庭有家庭的幸福，事业有事业的幸福，工作有工作的幸福，学习有学习的幸福。但无论概念如何、感受如何，幸福生活是每个人都不断向往和追求的。

幸福的评价标准

幸福可以量化吗？幸福有评价标准吗？

幸福指数就是现在世界上最通行的幸福评价标准。幸福指数的概念起源于三十多年前，最早是由不丹国王提出并付诸实践的。多年来，在人均GDP仅为700多美元的南亚小国不丹，国民总体生活得较幸福。"不丹模式"引起了世界的关注。

近年来，美国、英国、荷兰、日本等发达国家都开始了幸福指数的研究，并创设了不同模式的幸福指数。如果说GDP、GNP是衡量国富、民富的标准，那么幸福指数就可以成为一个衡量百姓幸福感的标准。

幸福指数与GDP一样重要。一方面，它可以监控经济社会的运行态势；另一方面，它可以了解民众的生活满意度。可以说，作为最重要的非经济因素，它是社会运行状况和民众生活状态的"晴雨表"，也是社会发展和民心向背的"风向标"。

英国"新经济基金"组织2006年对全球178个国家及地区做了一次幸福排行榜，太平洋岛国瓦努阿图荣登冠军，中国排名第31位。世界发达国家的幸福指数反而不靠前，非洲国家平均成绩最不理想，包揽了最后10名中的7位，津巴布韦倒数第一。

英国莱斯特大学2006年7月推出全球最幸福国家排行榜，丹麦排名第一。评价的主要依据是五项关键指标：健康、财富、教育、国家认同感、国家景色的美丽程度。

深圳在做"和谐深圳"社会调查考评时，分三类指标测量居民的幸福感：

A类指标：涉及认知范畴的生活满意程度，包括生存状况满意度（如就业、收入、社会保障等）、生活质量满意度（如居住状况、医疗状况、教育状况等）。

B类指标：涉及情感范畴的心态和情绪愉悦程度，包括精神紧张程度、心态等。

C类指标：指人际以及个体与社会的和谐程度，包括对人际交往的满意程度、身份认同，以及个人幸福与社会和城市发展之间的关系。

由此看来，幸福在一定程度上是可以有衡量标准的。

幸福在哪里

有一个年轻人，总是感到自己的生活不尽如人意，便经常去算命。一天，他听说山上寺庙里有一位禅师很有道行，就忙着去向禅师请教："大师，您告诉我，这个世界上真的有命运之说吗？"

"有的。"禅师轻声回答。

"是吗，那我是不是命中注定与幸福无缘呢？"禅师听罢此话，便示意这个年轻人伸出他的左手。禅师的目光停留在年轻人的手掌上，然后对他说："你看，这条是爱情线，这条是事业线，另外一条就是生命线。"

之后，禅师让年轻人把手紧紧握起来，继而问道："年轻人，你说现在这几条线在哪里？"

年轻人迷惑地说："当然是在我的手里啊！"

"那你说幸福在哪里呢？"

年轻人恍然大悟，原来幸福是掌握在自己手里的。

没有人能准确描述出幸福的定义。微笑的人不一定幸福，沉默的人不一定悲哀，旁人眼中的幸福未必就是自己心中的幸福。幸福的条件同样难以确定，它与贵贱高低无关，与美丑善恶无关，甚至与个人的得失都没有必然联系。我们无法借助推理去预知它，当幸福走近的时候，我们甚至还感觉不到它的存在。

幸福也是不断变迁的。小时候，幸福是过年穿新衣，放鞭炮，吃糕点，拿压岁钱。大一点了，幸福是和同学一起玩游戏。在封闭固执的青春期里，冒险和自我放逐成了最大的幸福。异乡求学时，幸福是熄灯后点起蜡烛侃大山，躺在床上看借来的书。工作后，幸福是为自己一点小小的进步而喜不自禁，为完成了一项任务而满怀成就感。

不同的人、不同的人生阶段，总有不同的幸福。

专家说，影响一个人幸福感的主要因素是内在因素，而不是外在因素。内在因素是指个体的性格、气质、认知水平、生活目标、期望值等；外在因素是指发生的生活事件，好事如升职、加薪等，坏事如生病、失业等。

归根到底，幸福其实就是一种心理感受。有位哲人也说过：生活中并不缺少幸福，只是缺少了发现幸福的眼光和感受幸福的心态。

人生不如意十之八九，生活本身就是多味胡豆，酸甜苦辣五味杂陈。这是现实，也是普遍规律，没有必要伤感与埋怨。境由心造，把自己的心态调整好，加上理性、洒脱与豁达，把幸福变成一种习惯，它就会时时光临我们的人生。

活动

寻找幸福的人

目的要求

明确人生的幸福是一种心态。

方法步骤

1．幸福小测试。

（1）说出你能想到的最幸福的场景。

（2）说出这学期你最幸福的一天是怎样的。

（3）如果让你选择一个你认为幸福的人，让你变成他（她），你会选择谁？

（4）这学期你最得意的一件事是什么？

（5）本学期你的预定目标都实现了吗？

（6）如果可能重新开始本学期，你最想重温或挽留的是什么？

（7）这学期里你最想拥抱的人是谁？有没有想狠狠地打某人？

……

2．请你给自己本学期的幸福打分（按满分100分计）。

3．在小组内交流各自的打分情况，每组选出一位最幸福的人到全班交流。

4．全班投票，评选出班上本学期最幸福的人。

讨论

1．你认为谁是你们班本学期最幸福的人？你推荐他（她）的理由有哪些？

2．在追求幸福的过程中，我们最应该珍视的情感有哪些？为什么？

3．你认为要获得幸福，最重要的因素是什么？

知识链接

幸福必备的十大要素

美国著名的健康心理学家戴维·迈尔斯博士最近向外界公布了他对幸福的最新分析和看法。他对幸福的看法的十大要素是：

1. 必须拥有健全的身体和健康的体魄，这是幸福的基石。吃饭不挑食，说话有条理，走路稳健。

2. 切合实际的目标和期望，这是幸福的内在驱动力。一个人如果没有目标追求，幸福的河水就会在懒散中干涸。

3. 自尊，这是幸福的支架，也是幸福的赐予。

4. 控制感情，这是幸福的规则。过分地压抑或放纵自己的感情，会和幸福相悖。

5. 乐观，这是幸福的源泉。保持乐观，就能繁衍幸福。

6. 豁达，这是幸福的开阔地。

7. 益友，这是幸福的开心果。

8. 合群，人缘好，幸福自会来。

9. 挑战性的工作和活动性的消遣，这样的一张一弛，才会有幸福交替出现。

10. 团队意识，这是幸福的蓄水池。